D1474888

BREVIARIOS

del

FONDO DE CULTURA ECONÓMICA

12

LA EDAD MEDIA

La Edad Media

por

JOSÉ LUIS ROMERO

FONDO DE CULTURA ECONÓMICA
MÉXICO

Primera edición, 1949
Vigésima primera reimpresión, 1998

Carretera Picacho-Ajusco 227; 14200 México, D. F.

ISBN 968-16-0726-0

Impreso en México

Primera Parte

HISTORIA DE LA EDAD MEDIA

I

LA TEMPRANA EDAD MEDIA

1) Del bajo Imperio a la alta Edad Media

Una tradición muy arraigada coloca en el siglo v el comienzo de la Edad Media. Como todas las cesuras que se introducen en el curso de la vida histórica, adolece ésta de inconvenientes graves, pues el proceso que provoca la decisiva mutación destinada a transformar de raíz la fisonomía de la Europa occidental comienza mucho antes y se prolonga después, y resulta arbitrario y falso fijarlo con excesiva precisión en el tiempo.

Se ha discutido largamente si, por lo demás, hay en efecto una cesura que separe la historia del Imperio romano de la historia de la Europa medieval. Quienes asignan una significación decisiva a los pueblos germánicos tienden a responder afirmativamente, sobrestimando sin duda la importancia de las invasiones. Quienes, por el contrario, consideran más importante la tradición romana y perciben sus huellas en la historia de la temprana Edad Media, contestan negativamente y disminuyen la trascendencia de las invasiones. En cierto modo, esta última opinión parece hoy más fundada que la anterior —o así lo considera el autor, al menos— y conduce a una reconsideración del proceso que lleva desde el bajo Imperio hasta la temprana Edad Media, etapas en las que parecen hallarse las fases sucesivas de la transformación que luego se ofrecería con precisos caracteres.

Pues, ciertamente, el contraste es muy grande si se comparan el Imperio de la época de Augusto o aun de Adriano con la Europa de Alfonso el Sabio o la de San Luis; pero resulta harto menos evidente si se consideran las épocas de Constantino y Carlomagno, y menos todavía si aproximamos aún más las fechas de los términos de comparación. De modo que parece justificado el criterio de entrar en la Edad Media no por la puerta falsa de la supuesta catástrofe producida por las invasiones, sino por los múltiples senderos que conducen a ella desde el bajo Imperio.

El bajo Imperio corresponde a la época que sigue a la larga y profunda crisis del siglo III, en la que tanto la estructura como las tradiciones esenciales de la romanidad sufren una aguda y decisiva convulsión. Si el siglo II había marcado el punto más alto del esplendor romano, con los Antoninos, el gobierno de Cómodo (180-192) precipitó el desencandenamiento de todas las fuerzas que socavaban el edificio imperial. Tras él se inició la dinastía de los Severos, cuyos representantes trajeron a Roma el resentimiento de las provincias antaño sometidas y con él la voluntad de quebrar el predominio de sus tradiciones para suplantarlas por las del África o la Siria.

Desde entonces, y más que nunca, la fuerza militar fue el apoyo suficiente y necesario del poder político, que los ejércitos regionales empezaron a otorgar con absoluta irresponsabilidad a sus jefes. Roma perdió gradualmente su autoridad como cabeza del imperio, y en cambio, las provincias que triunfaban elevando al trono a uno de los suyos adquirían una preeminencia incontestable. Este fenómeno tuvo consecuencias inmensas. Por una constitución imperial de 212, Caracalla otorgó la ciudadanía a todos los hombres libres del imperio y el reducto itálico de la romanidad vio disiparse su antiguo ascendiente político y social. A poco, los emperadores sirios introdujeron en Roma los cultos solares, y uno de ellos, Heliogábalo, compartió sus funciones imperiales con las de sumo sacerdote del Baal de Emesa. Nada parecía quedar en pie del orden antiguo.

Y, en efecto, lo que quedaba era tan poco, que no mucho después comenzó el oscuro periodo que suele llamarse de la "anarquía militar". Los distintos ejércitos regionales impulsaron a sus jefes hacia el poder y se suscitaron reiterados conflictos entre ellos que debilitaron el imperio en sumo grado. Al mismo tiempo gobernaban en diversos lugares varios jefes militares, que se decían legalmente investidos con el poder imperial y cuya mayor preocupación era eliminar a sus rivales. Algunos de ellos se desentendieron de esa aspiración y se limitaron a establecer la autonomía de su área de gobierno, como Póstumo en Galia y Odenato en Palmira. Y entretanto, las primeras olas de invasores germánicos se lanzaban a través de las fronteras y ocupaban vastas provincias saqueándolas sin encontrar oposición eficaz.

Sin embargo, el mismo instrumento militar que había desencadenado en buena parte la catástrofe podía todavía servir para contenerla si alguien conseguía ajustar su funcionamiento. Era necesario suprimir los últimos vestigios del orden republicano, celosamente custodiados por los Antoninos, y ceder a las crecientes influencias orientales que apuntaban hacia una autocracia cada vez más enérgica. Cuando Claudio II y Aureliano comenzaron a restablecer el orden, expulsando a los invasores y sometiendo a una sola autoridad todo el territorio del imperio, estaban echando al mismo tiempo las bases de un nuevo orden político —el *dominatus*— que perfeccionaría poco después Diocleciano. La diadema y el manto de púrpura, que Aureliano adoptó, la genuflexión que Diocleciano impuso a sus súbditos a modo de saludo, no eran sino signos exteriores de una realidad profunda: el imperio imitaba a la autocracia persa y procuraba organizarse bajo la celosa y omnímoda voluntad de un amo y señor que, apoyado en una vigorosa fuerza militar, pudiera imponer el orden aun a costa de la renuncia a todas las garantías que, en otros tiempos, ofrecía el derecho tradicional.

Entre las medidas con las que Diocleciano quiso restaurar la unidad del imperio se cuenta una terrible persecución contra los cristianos en beneficio de los tradicionales cultos del estado romano; pero el cristianismo

—una religión oriental que, como otras, habíase infiltrado en el imperio— tenía ya una fuerza inmensa y la acrecentó aún más en los años de la persecución. Diocleciano fracasó, pues, en su intento, pero poco después Constantino, que perseveró en los ideales autocráticos que aquél representaba, decidió ceder a la fuerza de la corriente y luchó por lograr la unidad mediante una sabia y prudente tolerancia. Pero poco después el emperador Teodosio había de volver a la política religiosa de Diocleciano invirtiendo sus términos y estableció el cristianismo como religión única iniciando la persecución de los que empezaron por entonces a llamarse "paganos".

No fue éste el único esfuerzo de Teodosio en favor de la agonizante unidad del imperio. Había llegado al poder cuando se cernía la amenaza de graves y terribles acontecimientos, pues los hunos, un pueblo mongólico de las estepas, se habían lanzado hacia las fronteras romanas y habían obligado a los visigodos a refugiarse dentro de los límites del imperio. Pacíficos al principio, los visigodos se mostraron luego violentos y fue necesaria una sabia combinación de prudencia y de vigor para contemporizar con ellos. Teodosio triunfó en su empresa, y mientras duró su gobierno (379-395) mantuvo a los invasores en las tierras que les habían sido adjudicadas, en virtud de un tratado que tenía algo de personal; y, efectivamente, a su muerte los visigodos se consideraron en libertad y comenzaron de nuevo sus correrías.

La crisis del siglo III abrió en la vida del Imperio romano una nueva era que puede caracterizarse como la época de disgregación de esa formidable unidad política y cultural constituida con tanto esfuerzo en los siglos inmediatamente anteriores. Pero esa época de disgregación comienza con un vigoroso y desatentado intento de salvación, realizado por los emperadores que instauran la autocracia, y de los cuales las dos más grandes figuras son Diocleciano y Constantino. Su esfuerzo estuvo destinado a contener la crisis que amenazaba todos los aspectos de la vida romana; y esa crisis, así como los remedios que se intentaron para resolverla, caracteriza tanto esta época del bajo Imperio como la que le siguió inmediatamente y se prolonga hacia la temprana Edad Media.

La crisis acusaba una marcada intensidad en el campo de la vida economicosocial. Acaso el fenómeno más significativo de la economía fuera, en el periodo inmediatamente anterior, la progresiva disminución numérica de la clase servil, sobre la que reposaba todo el edificio de la vida económica. Esa circunstancia acrecentó el número de los colonos libres y transformó en alguna medida el régimen de la explotación; pero influyó sobre todo por sus derivaciones, porque provocó poco a poco un éxodo rural de incalculables consecuencias. Se produjo así una acentuada concentración urbana, de la que es signo, por ejemplo, la fundación de Constantinopla en 326 y su rápido crecimiento.

El abandono de los campos era la respuesta debida al crecimiento del latifundio, y ambos fenómenos debían traer aparejada una notable disminución de la producción; y esto no sólo con respecto al trabajo rural, sino también respecto al trabajo del artesanado, conmovido por la convulsión económica y social que aquéllos habían desencadenado. Estos hechos amenazaron la existencia misma del imperio y acompañaban y provocaban —en un ritmo alternado— la crisis política.

Como en otros aspectos, también en éstos pareció que la solución estaba en acentuar la intervención del estado, y Diocleciano comenzó una severa política de control de la producción y los precios. Sin reparar en las consecuencias, dispuso atar a los individuos a sus tradicionales ocupaciones y prohibió que se abandonaran, de modo que el colono debía seguir trabajando la tierra y los artesanos y soldados debían permanecer en sus oficios aun contra sus intereses y deseos. Ello dio lugar a la aparición de las clases profesionales —que perduraron hasta la Edad Media— y restringió la libertad de las clases no terratenientes. Porque éstas, naturalmente, escaparon a esas medidas y se beneficiaron con ellas, al menos transitoriamente, robusteciendo su posición social y económica. Del mismo modo "decretó la baratura", como se ha dicho, estableciendo por edicto precios máximos que en verdad, sólo sirvieron para retirar del mercado muchos productos y establecer un comercio ilegal sobre la base de precios aún más altos que antes.

Pero el intervencionismo estatal en materia económica parecía ser la única solución al grave problema, y surgía de espíritus orientados ya definidamente hacia una centralización política cada vez más absoluta. La consecuencia fue, como de costumbre, una polarización de las clases económicas, pues los latifundistas —que constituían también la clase de los altos funcionarios de la burocracia imperial— se hicieron cada vez más ricos mientras crecía el pauperismo de las clases trabajadoras. Este fenómeno caracterizó la fisonomía social del bajo Imperio y se trasmitió a los estados occidentales de la temprana Edad Media con semejantes características.

El intervencionismo económico, por lo demás, correspondía a la mentalidad autocrática que predominaba respecto a los problemas políticos. Puesto que el instrumento militar había sido el que permitiera reordenar el caos del siglo III y establecer las bases de un nuevo orden aparentemente salvador —y salvador, en efecto, en alguna medida—, la mentalidad militar prevaleció finalmente y configuró el orden político a su imagen y semejanza. Diocleciano y Constantino fueron también en este aspecto los eficaces artífices de la reordenación del estado imperial, y con ellos alcanza su punto culminante y definitivo el régimen de la autocracia, que en muchos aspectos llevaba el sello de las influencias persas.

El centro del nuevo estado debía ser el *dominus*, el señor, título que debía reemplazar al tradicional de *princeps* y que llevaba consigo la idea de que todos los habitantes del imperio no eran sino siervos del autócrata que lo gobernaba. Por sí mismo nadie poseía derecho alguno al ejercicio de ninguna función, y las antiguas magistraturas habían sido reemplazadas por una burocracia cuyos miembros no eran, en cierto modo, sino agentes personales del autócrata. A una absoluta personalización del poder correspondía, pues, una delegación de la autoridad en innumerables funcionarios cuya autonomía dependía, en la práctica, de la mayor o menor proximidad con respecto al *dominus*, cuya presencia llenaba de respeto a causa del riguroso ceremonial que se había adoptado, pero que no poseía a la distancia otros recursos para afirmar su autoridad que las espaciadas inspecciones de sus emisarios, burócratas también ellos a fin de cuentas.

La concentración de la autoridad condujo a la división del imperio, insinuada durante la anarquía militar del siglo III y consagrada luego por Diocleciano. En el curso del siglo IV, el imperio volvió a recaer en una sola mano varias veces por obra de los conflictos de poder, pero desde la muerte de Teodosio en 395 la división quedó consagrada definitivamente por los hechos. El viejo problema de la sucesión imperial, cuyas soluciones habían oscilado varias veces entre distintos puntos de vista, hizo crisis al fin resolviendo de hecho el problema de la diversidad entre la parte oriental y la parte occidental del imperio.

Pero la crisis económica, social y política correspondía, naturalmente, a una profunda crisis espiritual. Como el orden político tradicional, también parecía sometido a profunda revisión el sistema de los ideales de la romanidad tal como había sido conducido hasta su más alto esplendor por los Antoninos. Quien recorra la literatura latina posterior al siglo III reconocerá la distancia que la separa de Cicerón, de Virgilio y de Horacio, y no sólo en cuanto a calidad, sino también en cuanto a los supuestos profundos que la nutren. Nuevas inquietudes y nuevas aspiraciones anidan en ella, visibles también en otras manifestaciones de la vida espiritual.

Entre todas las influencias, las de las religiones orientales, y en particular el cristianismo, fueron sin duda las más extensas y decisivas. La vieja religión del estado romano era impotente para canalizar las inquietudes de una humanidad convulsionada y que había perdido la confianza en sus ideales tradicionales. De ese modo, el antiguo caudal de las religiones de salvación se enriqueció hasta desbordar y arrasó con todos los formalismos que se le oponían hasta alcanzar a muy diversas capas del conglomerado social. Las religiones de Mitra y del Sol, y sobre todo el cristianismo, empezaron a recibir la adhesión de grupos cada vez más numerosos, y muy pronto la vieja fe romana, reducida a meras supersticiones y creencias de escaso contenido, se vio relegada a algunas regiones rurales —*pagi*—, de las que sacaron su nombre sus últimos devotos, los paganos de que hablaban los propagadores y defensores del cristianismo. Sin duda hubo todavía, y por algún tiempo, altos espíritus que pensaban en la identidad de los antiguos dioses y del estado imperial, considerando, en consecuencia, que el abandono de aquéllos traería consigo la quiebra del orden político y social. No estaban equivocados en cierto sentido, en cuanto a la educación. Pero la causa era más honda, y la defensa que intentaron no alcanzó repercusión profunda. Y hasta el estado se adhirió finalmente a la fe cristiana, tolerándola primero y oficiándola luego para tratar de aprovechar la creciente influencia de la Iglesia. De ese modo la Iglesia cristiana comenzó a modelarse según los esquemas del estado romano, y a influir cada vez más intensamente en la elaboración de una nueva concepción de la vida que, si entrañaba algunos elementos de la romanidad, aportaba otros de innegable raíz oriental. Pues el trasmundo adquirió en los espíritus una significación cada vez más alta, y la gloria terrenal —la de los magistrados y los legionarios— comenzó a parecer pálida en comparación con la que ofrecía la bienaventuranza eterna.

Finalmente, la crisis dio lugar a una marcada modificación de la composición étnica y social del imperio, pues las poblaciones extranjeras, especialmente las germánicas, comenzaron a introducirse dentro de las fronteras y sus miembros a ocupar puestos importantes en la vida económica, social y política. Regiones enteras les fueron adjudicadas a ciertos pueblos extranjeros, y casi ningún cargo les fue vedado a sus miembros. Así se introdujeron creencias e ideas antes inusitadas, y así se vieron entremezclarse los antiguos grupos sociales con los que ahora llegaban. El imperio subsistía como un viejo odre, pero el vino se renovaba en él lentamente.

El emperador Teodosio murió en 395 y legó el imperio que él había conseguido reunir en sus manos a sus dos hijos. Honorio fue desde entonces emperador del Occidente y Arcadio del Oriente, cada uno de ellos bajo la tutela y dirección de un antiguo privado del emperador. En principio, los dos Augustos debían recordar la inviolable unidad del imperio, pero en los hechos la política de sus consejeros y las circunstancias los obligaron a conducirse como dos soberanos enemigos.

La muerte de Teodosio significó para los visigodos la ruptura del pacto de amistad con el imperio, y su jefe, Alarico, comenzó una campaña de depredaciones en la península balcánica. Arcadio recurrió entonces a un ardid y, pretextando una disputa por la Iliria, lanzó a los visigodos sobre el Imperio occidental, en el que los visigodos se instalaron definitivamente. Poco después, en 406, otras tribus germánicas invadían el territorio cruzando la desguarnecida frontera del Rin, y en poco tiempo el Imperio occidental se vio cubierto por las olas germánicas que buscaban dónde instalarse y que, entretanto, humillaban el trono imperial hasta reducirlo a una total impotencia.

Desde 423, Valentiniano III sucedió en el trono a Honorio y trató de canalizar a los invasores asimilándolos a las tropas mercenarias que desde antiguo poseía el imperio a su servicio; pero cada vez era más ficticio el control imperial. Los jefes bárbaros mandaban en los hechos, y desde 455, en que murió Valentiniano, dispusieron del trono para otorgarlo a sus protegidos. El imperio no era ya sino una sombra, y en 476 fue depuesto Rómulo Augústulo sin que nadie pensara en designar un sucesor.

El imperio estaba definitivamente disgregado. Pero la idea de la unidad romana subsistía, y con ella otras muchas ideas heredadas del bajo Imperio. La Iglesia cristiana se esforzó por conservarlas, y asumió el papel de representante legítimo de una tradición que ahora amaba, a pesar de que antes la había condenado. De ese amor y de las turbias y complejas influencias de las nuevas minorías dominantes, salió esa nueva imagen del mundo que caracterizaría a la temprana Edad Media, continuación legítima y directa del bajo Imperio.

2) Los reinos romanogermánicos

A causa de las invasiones, la historia del Imperio de Occidente adquiere —a partir de mediados del siglo v— una fisonomía radicalmente distinta de la del Imperio de Oriente. En este último se acentuarán las antiguas y tenaces influencias orientales y debido a ellas se perfilarán más las características que evoca el nombre de Imperio bizantino con que se le conoce en la Edad Media. En el primero, en cambio, las invasiones introducirán una serie de elementos nuevos que modificarán de una manera inesperada el antiguo carácter del imperio.

El hecho decisivo es la ocupación del territorio por numerosos pueblos germánicos que se establecen en dis-dintas regiones y empiezan a operar una disgregación política de la antigua unidad imperial. El cruce de la frontera del Rin por los pueblos bárbaros que ocupaban la orilla opuesta del río, en 406, inaugura una nueva época, y poco después verdaderos reinos se erigen en las comarcas conquistadas.

Tres grupos invasores —los suevos, los vándalos y los alanos— se dirigieron hacia la península ibérica y se instalaron en ella; los suevos se fijaron en Galicia, los alanos en Portugal y los vándalos en la región meridional de España, que de ellos tomó el nombre de Andalucía. Al mismo tiempo, los anglos, los jutos y los sajones cruzaron el Mar del Norte y ocuparon la Bretaña, estableciendo numerosos reinos independientes. Y por su parte, los burgundios, tras una etapa temporal en el valle del Rin, se dirigieron hacia la Provenza, donde fundaron un reino.

Entretanto, el imperio conservaba la Galia del norte, pues al sur del Loira fueron establecidos, con autorización de Roma, los visigodos, a quienes después encomendó el emperador que limpiaran de invasores a España; esta medida no debía tener otra consecuencia que la formación de un reino visigodo en España y el sur de Francia, pues los jefes visigodos lograron poco a poco expulsar o someter a quienes les habían precedido en la ocupación de la península. De ese modo sólo la parte septentrional de la Galia permanecía en manos del imperio, además de Italia.

Pero la situación en esta última era cada vez más difícil para los emperadores, que eran prácticamente instrumentos de los reyes bárbaros a causa del ascendiente que éstos poseían. Por fin, cuando el trono imperial pareció incomodar, uno de ellos, Odoacro, no vaciló en dejarlo vacante y quedarse como señor de Italia. Pero Odoacro no pudo aprovecharse por largo tiempo de su audacia. El emperador de Oriente decidió recuperar la península y encomendó al rey de los ostrogodos, Teodorico, que se encaminara hacia ella desde las tierras que ocupaba al norte del Danubio con el objeto de ponerla nuevamente bajo la autoridad imperial. Teodorico asumía así el papel de representante del poder imperial, y en tal carácter derrotó a Odoacro en 493; pero en los hechos instauró un reino ostrogodo independiente en Italia. Pocos años antes, Clovis, rey de los francos, había cruzado el Rin con su pueblo y se había establecido en la Galia septentrional. Nada quedaba, pues, al finalizar el siglo V, del antiguo Imperio de Occidente, sino un conjunto de reinos autónomos, generalmente hostiles entre sí y empeñados en asegurar su hegemonía.

De estos reinos no todos tuvieron la misma importancia, ni subsistieron todos durante el mismo tiempo. Algunos de ellos desaparecieron rápidamente y otros, en cambio, perduraron durante largos siglos.

Los primeros en desaparecer fueron los de los suevos y alanos, que cayeron bajo los golpes de los visigodos. A estos últimos se debió también la emigración de los vándalos, que salieron del sur de España y establecieron, bajo las órdenes de Genserico, un reino en el norte del África que duró hasta su conquista por los bizantinos en 534. Estos estados dejaron poca huella en los territorios sobre los que se establecieron.

Cosa distinta ocurrió con el reino de los ostrogodos que, aunque efímero también, influyó notablemente en su época y constituyó en cierto modo un modelo para sus vecinos.

Fundado por Teodorico en 493, después de su victoria sobre Odoacro, el reino ostrogodo se organizó durante el largo periodo en que lo rigió su fundador, cuya muerte acaeció en 526. Por su fuerza militar, por su habilidad política y por la sabia prudencia con que interpretó la situación de los conquistadores en las tierras del viejo imperio, Teodorico alcanzó una especie de indiscutida hegemonía sobre los demás reyes bárbaros, a la que contribuía además eficazmente el prestigio que conservaba Italia. Teodorico aspiraba a legitimar su poder, que en realidad había usurpado prevaliéndose de la autoridad que le había sido conferida por el emperador de Bizancio; para ello trató de mantener siempre las mejores relaciones con el imperio y ajustar su conducta a ciertas normas que no suscitaran resistencia en Constantinopla. Eligió como colaboradores a nobles e ilustres romanos —entre ellos Casiodoro y Boecio, el filósofo—, y legisló prudentemente para asegurar los derechos civiles de los sometidos sin menoscabo, sin embargo, de la autoridad militar y política de los conquistadores. En este sentido, su política fue imitada en mayor o menor medida por los otros reinos romanogermánicos y sentó los principios que caracterizaron la época.

Sólo en los últimos tiempos de su vida chocó con el gobierno de Constantinopla, pues abrigó la sospecha de que en la corte imperial se intrigaba contra él para despojarlo de su reino. La represión fue dura y cayeron en desgracia los romanos que consideraba cómplices de Bizancio, a quienes sucedieron en los más altos cargos los nobles ostrogodos. Pero las líneas generales de su política no se alteraron fundamentalmente, y perduraron a través del gobierno de sus sucesores. Empero, la simiente de la discordia con el imperio fructificó. La hostilidad contra la población romana creció poco a poco, y el imperio bizantino, que había adquirido un renovado esplendor con Justiniano, emprendió una larga campaña contra el reino ostrogodo que terminó, al cabo de casi veinte años, con su caída. La Italia se transformó entonces en una provincia bizantina y el reino ostrogodo no dejó sino la huella de una sabia política de asimilación de los sometidos, que trataron de imitar en diversa medida los reyes de los otros estados romanogermánicos.

También fue efímero el reino burgundio, que se manifestó desde el primer momento como el más afín con el imperio. También allí los reyes trataron de armonizar los dos grupos sociales en contacto —conquistados y conquistadores— y la legislación reflejó ese anhelo. Pero el reino burgundio, limitado a la Provenza, era demasiado débil para resistir el embate del vigoroso pueblo franco que, instalado primeramente en la Galia septentrional, aspiró luego a reunir toda la región bajo su autoridad. Así, uno de los hijos de Clodoveo consiguió apoderarse de él en 534, anexándolo a sus dominios.

En cambio, el reino visigodo duró más tiempo. Extendido al principio sobre la Galia y España, se vio circunscrito a esta última región debido a la derrota que, en 507, sufrió frente a los francos en Vouglé. Su capital fue desde entonces Toledo, y los reyes visigodos sufrieron durante algún tiempo la tutela del ostrogodo Teodorico, quien les impuso su política, prudente frente a los romanos sometidos, pero reticente frente a Constantinopla. Los visigodos sufrieron la invasión de los bizantinos, pero sin perder por ella sino escasos territorios; y al cabo de algún tiempo lograron expulsarlos, aun cuando habían sufrido fuertemente su influencia. Quizá a ella se debió en parte la adopción definitiva del catolicismo ortodoxo, que decretó Recaredo en 587. El reino subsistió hasta principios del siglo VIII, en que sucumbió a causa de la invasión de los musulmanes, victoriosos en la batalla de Guadalete, tras de la cual ocuparon el territorio visigodo, excepto algunos valles del Cantábrico (713).

Con ligeras modificaciones, puede decirse que subsisten aún los reinos bretones y el reino franco. Los anglos, los jutos y los sajones fundaron en un principio numerosos estados autónomos, pero muy pronto se agruparon en tres núcleos bien definidos: Northumbria, Mercia y Wessex, que se sucedieron en la hegemonía hasta el siglo IX. Alrededor de éstos, otros estados menores —como Kent, Essex, Surrey, etc.— hicieron el papel de satélites. Si en ellos los pueblos germánicos conservaron sus características fue a causa del éxodo de las poblaciones romanizadas —que no lo estaban mucho, por otra parte.

En cuanto al reino franco, fundado por Clovis, se repartió entre sus descendientes a su muerte (521), y surgieron de él varios estados que lucharon frecuentemente entre sí y fueron a su vez disgregándose en señoríos cuyos jefes adquirieron más y más autonomía. La dinastía de Clovis —conocida con el nombre de dinastía merovingia— mantuvo el poder, pero vio decrecer su autoridad debido a su ineficacia. Poco a poco, desde fines del siglo VII, adquirieron en cambio mayor poder los condes de Austrasia, uno de los cuales, Carlos Martel, adquirió gloria singular al detener a los musulmanes en la batalla de Poitiers (732). Su hijo, Pipino el Breve, depuso finalmente al último rey merovingio y se hizo coronar como rey, inaugurando la dinastía carolingia, en la que brillaría muy pronto su hijo Carlomagno, a quien se debió la restauración del Imperio de Occidente, con algunas limitaciones.

El periodo que transcurre entre los últimos tiempos del bajo Imperio y la constitución del nuevo Imperio carolingio (hacia 800), se caracteriza, pues, por la presencia de los reinos romanogermánicos, todos los cuales tienen algunos caracteres semejantes, que reflejan la fisonomía general del periodo. En general, todos ellos tuvieron que afrontar los mismos problemas, derivados de la ocupación de un país de antigua civilización —que los conquistadores admiraban, por cierto—, en el que debían coexistir vencidos y vencedores dentro de un régimen que permitiera a los últimos el goce de su victoria y a los primeros su lenta incorporación al nuevo orden. El resultado de la política puesta en práctica por los conquistadores fue beneficioso, y de ella derivaron los estados medievales, raíz de los estados modernos de la Europa occidental.

Políticamente, se constituyeron monarquías en las que la tradición estatal romana desempeñó un papel decisivo. El absolutismo del bajo Imperio y las tradiciones jurídicas y administrativas que lo acompañaban triunfaron poco a poco sobre las tradiciones germánicas que, por el momento, empalidecieron, aunque volverían a resurgir en la época feudal. Económicamente, la crisis típica del bajo Imperio se acentuó y continuaron decayendo las ciudades y el comercio, en tanto que se evolucionaba hacia una economía predominantemente rural.

Desde el punto de vista religioso, la Iglesia romana hizo lentos, pero firmes progresos. Heredera de la tradición romana, se organizó a su imagen y semejanza y constituyó el reducto en que se conservó la tradición ecuménica del imperio. Por la conversión de los distintos pueblos a su fe, llegó a adquirir extraordinaria importancia, visible en el campo de la política, pero también, y sobre todo, en el de la cultura. A ella pertenecieron las grandes figuras de la época: Isidoro de Sevilla, Gregorio de Tours y otros muchos. Ella fue también la que defendió y conservó la lengua latina, de la cual habrían de salir los nuevos idiomas nacionales, en cuya base estaba el signo de la perpetuación de la influencia romana.

3) El imperio bizantino

Consumada la división del imperio en 395, el Oriente quedó en manos de los emperadores de Constantinopla, cuya primera actitud fue afirmar teóricamente sus derechos sobre el Occidente, pero preocuparse sobre todo de defender su propio territorio. Ésta fue la orientación de los emperadores del siglo v, debido a la cual se manifestó una acentuada tendencia a la afirmación de los elementos griegos y orientales con detrimento de la tradición romana propiamente dicha. Esa tendencia estaba alimentada en parte por la misma Constantinopla, pero más aún por las provincias orientales del imperio.

Tras el reinado de Arcadio (395-408), subió al trono Teodosio II, que rigió el imperio hasta 450. Durante ese largo periodo, las dificultades internas y externas fueron graves y numerosas, pues el peligro de las invasiones se cernía constantemente sobre el imperio y, entretanto, los conflictos internos arreciaban. Para precaverse contra los enemigos internos, Teodosio II ordenó la construcción de una gran muralla que protegía la frontera septentrional; pero las dificultades interiores no podían solucionarse tan fácilmente, pues provenían de la hostilidad entre los distintos grupos cortesanos y, sobre todo, de las controversias religiosas que se suscitaron a raíz de la posición teológica adoptada por Nestorio. La larga polémica doctrinaria y las pasiones desatadas por ella, así como también las rivalidades que se manifestaban entre el patriarcado de Alejandría y el de Constantinopla, pusieron en peligro la estabilidad del imperio. Sin embargo, Teodosio pudo llevar a cabo dos obras que han salvado su nombre: la ordenación del código que por él se llama teodosiano, y la fundación de la universidad de Constantinopla.

A su muerte, nuevas dificultades surgieron debido a la lucha por el poder. Tras el breve reinado de Marciano subió al trono León I (457-474), cuyo poder fue sostenido por las tropas mercenarias de origen isaurio que trajo a Constantinopla para contrarrestar las tropas germánicas que hasta entonces predominaban y le eran hostiles. La rivalidad entre los grupos armados prestaba mayor peligrosidad a las querellas palaciegas que distraían la atención de la capital imperial, y a la larga los isaurios lograron imponerse hasta el punto de consagrar como emperador, a la muerte de León I, a uno de entre ellos, Zenón, que ocupó el trono hasta 491.

A Zenón se debió el intento de reconquistar Italia, para lo cual envió a Teodorico Amalo, rey de los ostrogodos, para que sometiera a Odoacro. Este intento revela que Constantinopla no creía llegado el momento de abandonar definitivamente la parte occidental del imperio, aun cuando comprendía la imposibilidad de llevar una política enérgica por sus propios medios. El fracaso, debido a la autonomía alcanzada en los hechos por Teodorico, condujo al sucesor de Zenón, Anastasio (491-518), a modificar sus líneas políticas, sosteniendo que los intereses del imperio estaban principalmente en el Oriente. Y no se equivocaba, pues tuvo que soportar no sólo repetidas olas de invasores eslavos y búlgaros, sino también el desencadenamiento de la guerra por los persas, que desde 502 hasta 505 tuvieron en jaque al imperio. Pero el definitivo abandono del Occidente no cabía todavía en la mente de los herederos de la tradición romana, y la dinastía justiniana, que empezó tras la muerte de Anastasio, retomó el programa de la reconquista de la perdida mitad del imperio.

Justino I, emperador desde 518 hasta 527, era un campesino ilírico que no carecía de habilidad, y a quien ayudó en el delineamiento de una nueva política su sobrino Justiniano, destinado a sucederle en el trono. El eje de esa política era la reanudación de las relaciones con el Occidente, y por eso procuró Justiniano reconciliarse con el papado, después de los conflictos que se habían producido entre ambos poderes a causa de las querellas religiosas. Esa reconciliación le atrajo las simpatías de la población romana de Italia, que, inversamente, se manifestó cada vez más hostil a los reyes ostrogodos. Quedaba así abierta la puerta para un intento militar, que debía llevar a cabo Justiniano, en el trono a partir de 527 y hasta 565.

Justiniano, en cuyo gobierno ejerció particular influencia su esposa Teodora, tuvo que afrontar una situación interior delicadísima que, finalmente, desembocó en una conspiración que sólo pudo vencer con grandes esfuerzos. Pero desde entonces su poder se hizo cada vez más firme, y concibió grandes proyectos, tanto desde el punto de vista de la organización interna del estado como en cuanto se refería a la política exterior. Los persas y los pueblos eslavos y magiares que estaban al acecho tras las fronteras septentrionales obligaron a Justiniano a consagrar una constante atención al problema de la seguridad del imperio, y no solamente perfeccionó el sistema de fortificaciones, sino que también procuró acrecentar los recursos del fisco, mediante una importante reforma financiera y administrativa, con el objeto de disponer de los medios necesarios para mantener un ejército numeroso y eficaz.

Su concepción general de los intereses del imperio le aconsejó llegar a una paz con los persas para poder dedicar su atención al Occidente. Una vez lograda, volcó sobre el Mediterráneo sus poderosas fuerzas, que, al mando de Belisario, dieron fin primeramente al reino vándalo del norte de África (533). Poco después comenzaban las operaciones contra los ostrogodos de Italia; pero aquí las cosas no tuvieron un curso tan favorable, pues la resistencia de los germanos y las intrigas de la corte —que obligaron a alternar en el mando del ejército a Belisario y a Narsés—, dilataron la resolución de la campaña hasta 553. Ese año, en efecto, Italia quedó definitivamente libre de ostrogodos, y Constantinopla pudo organizarla como provincia romana.

Entretanto, Justiniano llevaba a cabo otras empresas no menos importantes. Fuera de la reorganización interior, que echó las bases del estado bizantino propiamente dicho, se preocupó por los conflictos religiosos para asegurarse una autoridad indiscutida frente a la Iglesia. Como ortodoxo, suprimió la universidad de Constantinopla, que se consideraba como un reducto de la tradición clásica, y en cuanto administrador, se preocupó por establecer un sistema jurídico ordenado mediante las sucesivas compilaciones de derecho que mandó hacer. Si se recuerda la erección de la catedral de Santa Sofía, se tendrá, finalmente, un cuadro de los principales aspectos de su labor.

Al morir Justiniano, parecía a los devotos de la tradición romana que la pesadilla de las invasiones comenzaba a desvanecerse. Pero no era sino una ilusión pasajera, y poco después la obra del gran emperador se vería amenazada por nuevos y más poderosos enemigos.

La época que siguió a la muerte de Justiniano fue oscura y difícil. Ninguno de los emperadores que gobernaron por entonces reunió el conjunto de cualidades que se requería para hacer frente a los disturbios interiores, a las rivalidades de los partidos —verdes y azules, según sus preferencias en el hipódromo—, a las querellas religiosas y, sobre todo, a las amenazas exteriores. Era necesario mantener un ejército poderoso, que consumía buena parte de los recursos imperiales, y con él se mantenía dentro de las fronteras un poder que se sobreponía con frecuencia al emperador. Pero el ejército era cada vez más imprescindible. Los lombardos se lanzaron sobre Italia y se apoderaron de buena parte de ella; los ávaros entraron a través del Danubio, y fue necesario apelar a toda suerte de recursos para contenerlos; y, finalmente, los partos desencadenaron en 572 una guerra contra el imperio que debía durar hasta 591, poco antes de que recomenzara la ofensiva de ávaros y eslavos en la frontera septentrional. En esta ocasión, el ejército se sublevó y llevó al trono a Focas, cuyas crueldades y torpezas condujeron a una situación grave. Sólo pudo salvarla, oponiéndose al mismo tiempo al avance de nuevos enemigos, una figura vigorosa que hizo por entonces su entrada en el escenario de Constantinopla: el exarca de Cartago, Heraclio, que gobernó desde 610 hasta 641, en una de las épocas más características del Imperio bizantino.

Nunca como entonces, en efecto, estuvo en mayor peligro, y nunca como entonces pudo realizar un esfuerzo tan vasto y eficaz. No sólo la situación interior era grave por las discordias y rivalidades de los diversos grupos y las querellas religiosas, sino que también era dificilísima la situación exterior. Mientras los eslavos y los ávaros amenazaban la frontera septentrional, los persas se preparaban para el más vigoroso ataque que hasta entonces llevaran contra el imperio. En 612 —dos años después de la llegada de Heraclio al poder—, los persas lanzaron la invasión contra Capadocia, y desde ese momento progresaron aceleradamente dentro del territorio imperial. Desde 612 hasta 619 hicieron notables progresos y se apoderaron sucesivamente de Siria, Palestina, el Asia Menor y el Egipto, sin que los desesperados esfuerzos de Heraclio pudieran contenerlos. Más aún, el emperador empezó a desalentarse y fueron necesarias las invocaciones del patriarca Sergio y el dinero de la Iglesia para que Heraclio se decidiera a reorganizar una fuerza suficientemente poderosa como para repeler el ataque. Desde 619 hasta 622, y a pesar de que los eslavos y los ávaros habían llegado entonces para golpear enérgicamente las fronteras, Heraclio preparó un poderoso ejército con el que se lanzó contra los invasores persas después de haber pactado con los ávaros.

Desde 622 hasta 626 las operaciones marcharon con cierta lentitud. En este último año, los persas y los ávaros unidos pudieron poner sitio a Constantinopla, que estuvo a punto de sucumbir y se salvó difícilmente. Pero a partir de 626 Heraclio consiguió sobreponerse a los persas y tres años después había conseguido arrebatarles sus conquistas. Pero el esfuerzo había sido demasiado grande y los dos ejércitos estaban exhaustos, de modo que ambos imperios quedaron a merced de una nueva potencia militar y conquistadora que empezaba a levantarse en el Oriente: los árabes.

En efecto, en 634 se lanzaron los árabes contra la Siria, de la que se apoderaron al cabo de dos años, pese a los esfuerzos del imperio, y poco después iniciaron una campaña victoriosa que les proporcionó el dominio de Persia. Justamente al morir Heraclio se dirigieron contra el Egipto, cuya conquista concluyeron en 642, y los sucesores del emperador durante el siglo VII vieron la progresiva expansión de los árabes que, a fines del mismo, se apoderaron del norte de África.

Para ese entonces, el Imperio bizantino se había transformado considerablemente en su fisonomía. Distintos pueblos —eslavos y mongólicos— se habían introducido en su territorio y habían impreso su sello en algunas comarcas, dando lugar a la formación de colectividades que coexistían dentro de un mismo orden político, pero que acentuaban cada vez más sus rasgos diferenciales. Entre todas esas influencias, la de los eslavos fue la más importante, y se ha podido hablar de una "eslavización" del Imperio bizantino; pero la tradición helénica se sobrepuso y, eso sí, aniquiló definitivamente a la latina, cuya lengua se extinguió en el imperio.

La crisis interior fue, entretanto, agudizándose. Los distintos grupos que aspiraban al poder y las encontradas direcciones religiosas que, en general, respondían a actitudes favorables u hostiles al papado romano, condujeron al imperio a una situación desesperada que hizo crisis hacia 695, en que comenzó una era de anarquía que se prolongó hasta 717, y que se inicia precisamente cuando concluye una era similar en el mundo musulmán, durante cuyo transcurso habíase paralizado su expansión. La consecuencia fue que los árabes recomenzaron el asedio del imperio y le arrebataron nuevas provincias en el Asia Menor. La salvación del imperio estaba reservada a un jefe militar de origen isáurico, León III, que fue impuesto por las tropas como emperador en 717. Con mano firme reorganizó el régimen interior y logró contener a los musulmanes en 739, fijando definitivamente el límite de su expansión septentrional en los montes Taurus, con lo cual el Asia Menor permanecía dentro de los límites de Bizancio. Pero León III optó decididamente por uno de los grupos religiosos que mayor fuerza tenían en su país de origen, el Asia Menor, y que se conoce con el nombre de "iconoclastas" porque sostenían la necesidad de abolir el culto de las imágenes. El triunfo de los iconoclastas condujo a una ruptura con Roma y el mundo occidental, precisamente en la época en que el Occidente iba a unirse bajo la corona imperial de Carlomagno, cuyo lema debía ser la defensa de la fe romana.

4) El mundo musulmán

A partir de los primeros tiempos del siglo VII la historia de la cuenca del Mediterráneo se encuentra convulsionada por la aparición de un pueblo conquistador que trastrueca todo el orden tradicional: los árabes, que bien pronto se pondrán a la cabeza de un vasto imperio internacional unificado por una fe religiosa.

Hasta entonces, los árabes no constituían sino un pueblo preferentemente nómade, dividido en infinidad de pequeñas tribus dispersas por el desierto de Arabia e incapaces de cualquier acción que sobrepasara sus fronteras. Adoradores de ídolos, su politeísmo era extremado y no tenía otra limitación que el culto de la Piedra Negra que se veneraba en la Kaaba, un santuario situado en La Meca al que concurrían los árabes en peregrinación anual. Su organización política y económica correspondía a la de los pueblos nómades del desierto, y nada podía hacer sospechar al Imperio bizantino o a los persas que en ellos se escondía la fuerza necesaria para la formidable conquista que emprendieron más tarde.

La galvanización del pueblo árabe fue obra de un profeta, Mahoma, que lo convirtió a un monoteísmo militante, de raíz judeocristiana, pero teñido con caracteres propios y originados en la propia naturaleza.

Mahoma pertenecía a la familia de los coreichitas, a la que estaba confiada la custodia de la Kaaba, y se dedicó durante algún tiempo al comercio. Los viajes le proporcionaron el conocimiento de otras costumbres y otras ideas distintas a las de su pueblo, y especialmente del monoteísmo que practicaban las comunidades judías y cristianas de la Siria y el norte de la Arabia. Cuando un cambio de fortuna, derivado de su matrimonio con Cadija, le proporcionó el ocio necesario para dedicarse a la meditación, comenzó a elaborar un pensamiento místico que, sin poseer gran originalidad, estaba movido por una fe ardiente y una inmensa capacidad de difusión. Así nació la fe islámica, alrededor de la creencia en un dios único, Alá.

Mahoma hizo algunos progresos en la catequesis, hasta que se le consideró peligroso y se vio obligado a huir de La Meca en 622. La huida o "hégira" constituye el punto de partida de la era musulmana, y desde entonces Mahoma se radicó en Yatreb, que por él se llamó más tarde Medinat-an-Nabí, esto es, "la ciudad del profeta", o Medina. Allí continuó Mahoma su catequesis, con más éxito que en La Meca, pues la proximidad de las comunidades judías y cristianas hacía en aquellas comarcas menos extraño el monoteísmo.

Durante ese tiempo su pensamiento evolucionó considerablemente y trató de aproximar su concepción al carácter nacional árabe. No sólo afirmó la continuidad entre su fe y la de Abraham, antepasado de su raza, sino que instituyó un culto ordenado que más tarde culminaría en una aprobación del mismo santuario de la Kaaba. Pero para ello era necesario que la nueva fe se hiciera fuerte en la tradicional capital religiosa de los árabes, La Meca, hacia la cual se lanzó Mahoma en son de guerra. Porque, a diferencia de los judíos y los cristianos, los musulmanes sostenían la necesidad de la guerra santa, pues Mahoma había comprendido que nada podría oponerse al carácter belicoso de los árabes y que, en cambio, se podría dirigir ese ímpetu guerrero hacia el triunfo de su fe.

La Meca cayó en poder de Mahoma en 630 y el triunfo de Alá comenzó a ser admitido por todos. Las diversas tribus árabes reconocieron poco a poco a Mahoma como profeta del verdadero y único Dios, unas por la fuerza y otras por la razón. Y cuando murió, en el año décimo de la Hégira —632 de la era cristiana—, su misión parecía cumplida, luego de haber dado a su pueblo una unidad de que carecía y un ideal para la lucha.

La doctrina del profeta quedó consignada en el Corán, parte del cual fue escrito por sus discípulos en tanto que muchos fragmentos sólo fueron conservados en la memoria hasta algún tiempo después. Sólo en 653 se ordenó definitivamente el texto por orden del califa Otmán, dividiéndolo en 114 capítulos. Como en la Biblia, hay allí fragmentos históricos, enseñanzas, consejos, ideas religiosas y morales, un conjunto de elementos, en fin, sobre los cuales los musulmanes podrían no sólo ordenar sus creencias, sino también su vida civil.

Los puntos fundamentales del dogma son la creencia en un dios único, Alá; en los ángeles y en los profetas, el último de los cuales, Mahoma, ha traído a los hombres el mensaje definitivo de Dios; en el Corán y sus prescripciones; en la resurrección y el juicio, y, finalmente, en la predestinación de los hombres según la insondable voluntad de Alá. Cada uno de estos puntos fue objeto de una considerable exégesis por parte de los comentaristas, pues era necesario aclarar su sentido, ya que se advertían contradicciones significativas provenientes de las distintas etapas de formación de la doctrina, especialmente la que se suscita entre la idea del juicio final y la idea de la predestinación.

Esta última idea —coincidente con cierta tendencia

natural del beduino— caracterizó a la doctrina. El Islam es la sumisión a Dios y quienes creían en ella fueron los islamitas o musulmanes. Sus deberes principales desde el punto de vista religioso eran la declaración de la fe en Alá y en Mahoma, su profeta, la plegaria, el ayuno, la limosna, el peregrinaje y la guerra santa, esta última destinada a conseguir la conversión de los infieles a la nueva fe.

Proveniente del judaísmo y del cristianismo en sus aspectos doctrinarios, la religión musulmana alcanzó cierta originalidad por la concepción militante de la fe que logró imponer y que tan extraordinarias consecuencias debía significar para el mundo. Una especie de teocracia surgió entonces en el mundo árabe y en las vastas regiones que los musulmanes conquistaron, en la que el califa o sucesor del profeta reunía una autoridad política omnímoda y una autoridad religiosa indiscutible. Sobre esa base, el vasto ámbito de la cultura musulmana se desarrolló de una manera singular. De todas las regiones que los musulmanes conquistaron supieron recoger el mejor legado que les ofrecían las poblaciones sometidas, y con ese vasto conjunto de aportes supieron ordenar un sistema relativamente coherente, del que predominaba, sin embargo, en cada comarca la influencia que allí había tenido su origen: la griega, la siria, la persa, la romana. Acaso la más importante contribución de los musulmanes —fuera de su propio desarrollo como cultura autónoma— haya sido la constitución de un vasto ámbito económico que se extendía desde la China hasta el estrecho de Gibraltar, por el que circulaban con bastante libertad no sólo los productos y las personas, sino también las ideas y las conquistas de la cultura y la civilización.

A la muerte de Mahoma, el problema de su sucesión no había sido resuelto teóricamente, pero estaba definido a favor del más próximo de sus discípulos. Abú

Béker, cuyo título de "califa", esto es, sucesor, significaba que no tenía otra autoridad que la que provenía de su designación por Mahoma. Durante un largo periodo no se alteró esta costumbre, y tres califas se sucedieron luego, elegidos siempre entre los allegados del profeta: Osmar sucedió a Abú Béker en 634 y hasta 644, y a aquél siguieron Otmán (644-656) y Alí (656-661).

Durante este periodo, los musulmanes realizaron vastas conquistas. Abú Béker debió restablecer en un principio la unidad de la Arabia, disgregada otra vez a la muerte del profeta; pero, una vez lograda, se dedicó a extender su dominación y pudo apoderarse, mediante dos campañas afortunadas, del Irak y la Palestina. Su sucesor, Osmar, siguió la política conquistadora de Abú Béker —que él mismo había inspirado—, y sometió la Persia primero, y luego la Siria y el Egipto, que arrebató al Imperio bizantino. Era el momento en que aquellos dos grandes imperios se hallaban debilitados tras la contienda que los había enfrentado, y fue empresa fácil para los musulmanes cumplir sus propósitos. Osmar se dedicó entonces a organizar los nuevos territorios según los principios señalados por el Corán, pero aprovechando en todos los casos la experiencia política y administrativa de los estados sometidos, en los que persas y bizantinos habían estudiado y resuelto multitud de graves problemas económicos y políticos. Más aún, numerosos funcionarios fueron conservados o elegidos entre los burócratas de Persia o de Bizancio.

La conquista se detuvo luego por algún tiempo. El problema sucesorio no fue tan fácil a partir de la muerte de Osmar, pues ya eran varios los que podían alegar títulos equivalentes y cada uno podía hacer pesar las preferencias de ciertos grupos en su favor. Otmán vio aparecer ante sí numerosos grupos hostiles, especialmente los que sostenían —de acuerdo con las tradiciones persas— que sólo los descendientes del profeta tenían derecho a heredar su autoridad. Finalmente, Otmán fue asesinado y sobrevino entonces una guerra civil, de la que salió vencedor Alí, yerno de Mahoma; pero la paz era ya imposible en el vasto califato. No sólo los distintos grupos de La Meca y Medina aspiraban a apoderarse del poder, sino que también comenzaban ya a gravitar las nuevas regiones conquistadas, de las cuales solían sacar unos y otros las tropas mercenarias con que esperaban lograr sus propósitos. Uno de los rivales de Alí, Moawiya, que ejercía la gobernación de Siria, pudo finalmente derrotar a Alí en 661, y fundó entonces una dinastía vigorosa en Damasco, la de los oméyades, que debía regir el imperio hasta mediados del siglo VIII.

Los oméyades se dedicaron primero a organizar el estado árabe, siguiendo sobre todo las huellas de la administración bizantina. Un vigoroso y bien ajustado aparato estatal y militar proporcionó a los califas de esa época un control absoluto sobre sus estados, una cuantiosa riqueza y una capacidad expansiva que muy pronto habría de ponerse en movimiento. En efecto, a fines del siglo VII los musulmanes se extendieron por el norte de África y hacia el Asia Menor, y emprendieron luego, en los primeros años del siglo VIII, la conquista de la Transoxiana y de España. La culminación de sus esfuerzos fue el sitio de Constantinopla en 717, frente a la que fracasaron. Empezaron entonces su retirada en esa región por obra del emperador León III Isáurico. Pero en Europa siguieron avanzando por algún tiempo y luego de ocupar la casi totalidad de la península ibérica, entraron en Francia, donde no se detuvieron hasta que los derrotó el mayordomo del palacio del reino franco, Carlos Martel, en la batalla de Poitiers (732).

Esta expansión del califato pareció peligrosa a algunos califas que, como Abd-el-Melik, quisieron arabizarlo imponiendo el uso de la lengua árabe en toda su extensión y, sobre todo, afianzando el prestigio de la fe musulmana entre los pueblos conquistados. El mismo Abd-el-Melik ordenó la construcción del santuario conocido con el nombre de Mezquita de Omar, en Jerusalén, así como también otra mezquita en un lugar próximo. Porque si los oméyades aspiraban a arabizar el califato, necesitaban que la Siria adquiriera una significación religiosa capaz de competir con la que tradicionalmente se asignaba a Arabia, pues en aquella región residía el centro de su poder.

A mediados del siglo VIII, los oméyades vieron levantarse frente a ellos otra fuerza proveniente de otra región del califato: el Irak. Discordias políticas y religiosas armaron el brazo de Abul Abas, que en 750 puso fin a la vieja dinastía de Damasco.

5) La época de Carlomagno

La conquista de España por los musulmanes puso en contacto directo dos civilizaciones. Esta circunstancia caracterizó todo el periodo subsiguiente, pues obligó al mundo cristiano a adoptar una política dirigida por la idea del peligro inminente que lo acechaba. La reordenación del Imperio occidental por los carolingios fue la consecuencia más importante de esta nueva situación.

Derrotados los visigodos en el año 711, los musulmanes se extendieron rápidamente por toda la península. Los fugitivos se refugiaron en los valles del Cantábrico, y allí, unidos a los pueblos de la región, se defendieron ardorosamente y lograron conservar sus posiciones. En cambio, los valles pirenaicos quedaron expeditos y los musulmanes, una vez consumada la ocupación del territorio hispánico, pudieron intentar la conquista del sur de las Galias.

Hasta 750, España constituyó un emirato bajo la dependencia del califa de Damasco, y la antigua capital, Toledo, fue reemplazada por Córdoba, más próxima al África del norte. El califato oméyade impulsó la conquista y organizó el nuevo territorio con rapidez y eficacia, de modo que España fue al cabo de poco tiempo una base suficientemente sólida como para lanzarse hacia nuevas tierras en el Norte. Allí, los reyes merovingios trataron de defender las fronteras; pero sus intentos fueron en un principio vanos, pues los musulmanes consiguieron ocupar buena parte de la Galia meridional. Solamente en 732 fueron contenidos, pero no tanto por la acción de los reyes como por la capacidad y empuje de dos duques de Austria, uno de los cuales, Carlos Martel, pudo detenerlos en Poitiers, y dejó a sus sucesores el cuidado de rechazarlos poco a poco hacia el sur.

Las circunstancias favorecieron a los carolingios. Al promediar el siglo VIII estalló en el mundo musulmán el conflicto entre los oméyades y los partidarios de Abul Abas, que consiguió imponerse finalmente en 750; pero un príncipe oméyade, Abderramán, el único que había conseguido escapar a la matanza ordenada por el sanguinario vencedor, huyó hacia España y asumió el gobierno del emirato proclamándose independiente y legítimo heredero del poder. A partir de esa fecha, España fue teatro de nuevas luchas, pues Abderramán tuvo que imponer su autoridad dentro de su propio reino, al tiempo que intentaba aniquilar el pequeño pero amenazante foco de resistencia creado por los cristianos en el noroeste. Esta circunstancia contuvo el ímpetu expansivo y permitió a Pipino el Breve, heredero de Carlos Martel, rechazar poco a poco hacia el Pirineo a las bandas invasoras.

Pipino el Breve heredó de su padre el cargo de mayordomo del reino franco, con cuya autoridad ejerció, como su padre, un poder verdaderamente real. Hasta tal punto, que en 751 —precisamente cuando comenzaban los disturbios en la España musulmana— despojó del trono franco a Childerico y se proclamó rey con el apoyo del papado, inaugurando así la dinastía carolingia. Por su eficacia militar, Pipino el Breve fue un digno sucesor de Carlos Martel. Los musulmanes retrocedieron y el nuevo rey pudo dedicarse a atender otros problemas militares que le importaban mucho para afirmar su creciente autoridad.

En efecto el nuevo rey franco había recibido el apoyo de la Iglesia con el objeto de que defendiera al papado contra los lombardos, que ocupaban el norte de Italia, y fuera el campeón del cristianismo contra los amenazantes invasores del Islam. Pipino contuvo a los lombardos, y la alianza entre Roma y el reino franco se hizo cada vez más firme, de modo que, a su muerte (768), el papado prestó todo su apoyo a sus herederos, Carlos y Carlomán, de los cuales el primero quedó solo en el poder a partir de 771 y emprendió la vasta política de conquista que justificó el nombre de Carlos el Grande o Carlomagno con que la historia lo conoce

Desde cierto punto de vista, su preocupación fundamental fue Italia, donde los lombardos seguían amenazando al papa, y que constituía a sus ojos el centro del poder imperial. En 774 Carlomagno llegó al Po, puso sitio a la ciudad de Pavía, donde se había encerrado el rey lombardo, y poco después tomó la ciudad y se coronó rey de los lombardos. Sólo quedaron algunos duques independientes en el sur, pero reconocieron la soberanía de Carlomagno tras algunas operaciones punitivas de las fuerzas francas. El papado recibió del conquistador las tierras del Pontificado en la región de Ravena; pero Carlomagno se reservó el título de "Patricio de los romanos" para dejar sentada su autoridad territorial.

Entretanto, había emprendido otras operaciones militares. Durante largos años combatió en la Germania, donde los sajones resistieron denodadamente a sus ejércitos, encabezados por Widukindo. Vencidos en 780, Carlomagno organizó la administración del territorio, pero tuvo que hacer frente a otra terrible insurrección que sólo pudo ser apagada en 785, y más tarde a otro nuevo levantamiento, dominado en 803, esta vez definitivamente.

Entretanto, Carlomagno había tenido que enfrentarse a los ávaros y a los musulmanes. Los ávaros, fortificados en el Danubio medio, fueron aniquilados en sucesivas campañas, y los musulmanes fueron rechazados del territorio francés; pero el peligro que significaba su proximidad no se desvanecía con esas victorias parciales, pues la posesión de los pasos del Pirineo les permitía volver cuando lo quisieran desde sus bases españolas. Por esas razones, Carlomagno proyectó una operación de vasto alcance, que consistía en cruzar las montañas y establecer una zona de seguridad del otro lado del Pirineo.

La expedición de 778 al norte de España terminó con la catástrofe de que guardó memoria la *Canción de Rolando.* La retaguardia del ejército franco, mandada por el conde Rolando, sobrino de Carlomagno, fue sorprendida y aniquilada por los pueblos montañeses —la *Canción* habla de musulmanes—, y los propósitos que movieron la expedición no fueron cumplidos. Pero Carlomagno consideró que era imprescindible para su seguridad alcanzarlos, y renovó más tarde las operaciones con fuerzas superiores, hasta que logró apoderarse de toda la región situada entre el río Ebro y los Pirineos, en la que organizó una "marca" o provincia fortificada que debía servir de límite y defensa del imperio. Marcas semejantes —al mando de "margraves" o marqueses— organizó en el Elba y en Austria.

Así constituyó Carlomagno un vasto imperio, que reproducía con ligeras variantes el antiguo Imperio romano de Occidente —sin España, pero extendiéndose hacia Germania—, en el que se reunían los antiguos reinos romanogermánicos. La fuerza realizadora del nuevo imperio provenía del poder extensivo del pueblo franco y del genio militar y político de Carlomagno, pero la inspiración provenía, sobre todo, del papado, que se consideraba heredero de la tradición romana y pugnaba por reconstruir un orden universal cristiano. Desde principios del siglo VII, el papado había acrecentado considerablemente su autoridad, gracias a la enérgica y sabia política de Gregorio el Grande, y poco a poco la Iglesia había ido adquiriendo una organización cada vez más autocrática y jerárquica debido a la progresiva aceptación, por parte de los obispos, de la autoridad pontificia. La conversión de diversos pueblos conquistadores a la ortodoxia había permitido y facilitado esta evolución, de modo que, al promediar el siglo VIII, el papado poseía una autoridad que le permitía gravitar sobre la vida internacional del Occidente con manifiesta eficacia. Sólo le faltaba el "brazo secular", es decir, una fuerza suficientemente poderosa para hacer respetar sus decisiones y ponerlo al abrigo de todas las amenazas. El pueblo franco aceptó esa misión por medio de los duques de Austrasia, que lograron en cambio el beneplácito papal para su acceso al poder real, y desde entonces la unión entre ambos poderes fue estrecha y fecunda.

Si el papado había querido coronar a Pipino el Breve, y dejar sentada de ese modo su misión terrenal como representante del poder divino, más aún debía desearlo una vez que Carlomagno hubo unificado un vasto territorio que reavivaba la esperanza de restaurar el antiguo imperio. Acaso contra la voluntad de Carlomagno, el papa León III lo coronó emperador el día de Navidad del año 800, y desde entonces el nuevo augusto fue reconocido como el hijo predilecto de la Iglesia, su brazo armado y el restaurador de la antigua grandeza romana.

En verdad, Carlomagno era algo de todo esto por su sola fuerza, pues él también estaba movido por el impulso de restaurar el imperio. Pero se oponía a sus designios la supervivencia del Imperio de Oriente, que vio con malos ojos la "usurpación" de Carlomagno, hasta que se vio obligado por la fuerza a aceptar el hecho consumado.

Por lo demás, la restauración del imperio era también el resultado de las circunstancias. La aparición de una poderosa y vasta unidad política —el califato musulmán—, cuya fuerza expansiva aparecía amenazadora e incontenible, obligaba a reflexionar sobre las posibilidades de defensa en un mundo devidido en reinos débiles y hostiles entre sí. La idea de la restauración del imperio surgió, pues, como una posibilidad de organizar una defensa eficaz contra el avance de los musulmanes, y Carlomagno fue el obrero eficaz de esa política.

Se necesitaba, para ponerla en movimiento, aceptar una nueva idea de la militancia religiosa. El cristianismo sólo había reconocido hasta entonces como legítima la catequesis pacífica, basada en la evangelización pacífica, con riesgo y sacrificio del evangelizador. Contrariamente, la religión musulmana había sentado, por natural imperio del temperamento nacional de los árabes, el principio de la guerra santa, esto es, de la conversión violenta. Ante su empuje, los cristianos comenzaron a esbozar lo que sería la idea de cruzada, que, en el fondo, recogía la enseñanza musulmana e introducía en la tradición cristiana una variante fundamental. Las guerras de Carlomagno en defensa del papado y las campañas contra los infieles en Germania y España, revelaban la intención de imponer por la fuerza la fe de los conquistadores, y éste es el sentido que la tradición fijó luego a las empresas de Carlomagno, antecedente directo de los guerreros que, más tarde, se armarían para reconquistar el Santo Sepulcro.

Si vasto fue el esfuerzo de Carlomagno para conquistar su imperio, no menos vigoroso y tenaz fue el que necesitó para organizarlo e impedir su repentina disgregación. Este peligro provenía de múltiples causas. La declinación del Imperio romano reconocía como una de sus causas la insuficiencia técnica para mantener eficazmente en contacto las vastas áreas que reunía bajo un solo mando político, y esa insuficiencia no hizo sino acentuarse con el tiempo durante la temprana Edad Media. Ni el sistema de puentes y caminos, ni la organización económica y financiera permitía una útil intercomunicación entre las regiones que componían el Imperio carolingio, y en cada una de ellas tendía a desarrollarse un particularismo que, naturalmente, repercutía sobre las ambiciones de los representantes del poder central, que entreveían la posibilidad de alcanzar una completa autonomía. La organización de los *missi dominici*, que instituyó Carlomagno para vigilar a los condes, duques y margraves que gobernaban las provincias pudo, durante algún tiempo, contener las ambiciones; pero tan sólo porque los apoyaba el vigoroso prestigio personal de Carlomagno, cuyo poder militar y cuya energía eran proverbiales. Pero todo conspiraba contra la unidad: el desarrollo económico, basado preferentemente en la autonomía de pequeñas áreas económicas, el sistema de reclutamiento local del ejército y, sobre todo, las inmensas distancias y los inconvenientes en las comunicaciones, que solían mantenerse interrumpidas durante largos periodos. Ninguna de las medidas que Carlomagno adoptó, ni la legislación, ni las numerosas disposiciones particulares, pudieron impedir que se desarrollara el localismo que debía concluir en la organización feudal. Sólo quedaba como vínculo duradero y vigoroso la idea de la comunidad cristiana, presidida por el papado, que debía mantener su autoridad como jefe espiritual del imperio una vez que éste desapareció prácticamente como efectivo vínculo político.

Ahora, el papado, por su parte, había concentrado sus esfuerzos en la reunión del Occidente bajo su autoridad. El antiguo Imperio romano de Oriente, ahora legítimamente llamado Imperio bizantino, estaba bajo el control de los emperadores iconoclastas, que habían operado, en la práctica, la escisión de la Iglesia de Oriente con respecto al papado. Sin ser todavía definitiva, esa escisión preparaba el futuro cisma, cuyos caracteres se adivinaban ya y preocupaban seriamente al pontificado. Era necesario, pues, que se hiciera fuerte en el Occidente, y el apoyo del reino franco y del nuevo imperio había sido inapreciable para acrecentar su autoridad. Ahora podía afirmar su calidad de suprema potencia espiritual, y los papas supieron defender su posición como para sobrevivir como la única autoridad ecuménica —en el Occidente— cuando el efímero imperio de Carlomagno desapareciera.

II

LA ALTA EDAD MEDIA

1) La formación de la Europa feudal

Muerto Carlomagno en 814, el vasto imperio que había conquistado pasó a manos de su hijo Ludovico Pío; pero la autoridad del nuevo príncipe distaba mucho de ser tan firme como la de su padre, y no pudo impedir que los gérmenes de disgregación que se escondían en el imperio se desarrollaran hasta sus últimas consecuencias. Por una parte, los condes tendían a adquirir cada vez mayor autonomía y, por otra, los propios hijos del emperador se mostraban impacientes por entrar en posesión de la herencia que esperaban, de modo que se sucedieron sin interrupción las guerras intestinas. Al desaparecer Ludovico Pío en 840, la guerra entre sus hijos se hizo más encarnizada aún. El mayor, Lotario, aspiraba al título imperial que sus dos hermanos, Luis y Carlos, se obstinaban en negarle porque aspiraban a no reconocer ninguna autoridad superior a la suya. Después de una batalla decisiva, se llegó a un entendimiento mediante el tratado de Verdún, firmado en 843, por el cual se distribuían los territorios imperiales. Lotario era reconocido como emperador, pero en tales condiciones que su título no pasaba de ser puramente honorífico, y recibía los territorios de Italia y los valles de los ríos Ródano, Saona, Mosa y Rin. A Luis le correspondía la región al este del Rin —la Germania— y a Carlos la región del oeste del mismo río, que correspondía aproximadamente a la actual Francia. Así quedaron delineados los futuros reinos, de los cuales el de Lotario se disgregó pronto, en tanto que los de Carlos y Luis perduraron con propia fisonomía.

En cada una de esas regiones empezaron a hacerse sentir cada vez más intensamente las fuerzas disgregatorias. Los reyes carolingios perdieron progresivamente su autoridad, debido en gran parte a su impotencia, y, en cambio, acrecentaban su poder los condes, que por diversas razones llegaron a tener en la práctica una completa autonomía. De todas esas razones, la más importante fue la aparición de nuevos invasores que asolaron la Europa occidental desde el siglo VIII y especialmente desde el IX.

Los nuevos invasores fueron los musulmanes, los normandos, los eslavos y los mongoles. Los musulmanes poseían el control del mar Mediterráneo y operaban desde los territorios que poseían en el norte de África y España. Saliendo de los puertos que dominaban en esas comarcas asolaban las costas meridionales de Italia y Francia e hicieron pie en Sicilia y en algunas ciudades italianas, al tiempo que saqueaban otras e interrumpían el comercio marítimo de los pueblos cristianos con sus operaciones de piratería.

Por su parte, los normandos habían llegado a constituir estados vigorosos en la cuenca del Báltico y desde allí empezaron sus incursiones de saqueo hacia el sur. Eran de origen germánico y habían permanecido en Dinamarca y Noruega mientras sus hermanos de raza se dirigían hacia el oeste y el sur; allí habían aprendido la navegación hasta transformarse en marinos consumados, arte que practicaron combinándolo con sus aptitudes guerreras, con lo cual se transformaron en el azote de las costas de Inglaterra y Francia. Desde fines del siglo IX se instalaron en algunas regiones de esos países con carácter definitivo —en la Normandía, por ejemplo, que conquistó Rolón—; otro grupo, encabezado por Roberto Guiscardo, llegó en el siglo XI hasta Italia, donde estableció un reino que comprendía el sur de la península y la isla de Sicilia. Pero fuera de esas conquistas territoriales, la actividad de los normandos fue durante mucho tiempo la piratería, que practicaban con notable audacia, y el saqueo de las poblaciones costeras y de las orillas de los ríos.

A su vez, los eslavos provenientes de la llanura rusa asolaron las zonas orientales de la Germania; algunos se establecieron luego en las cuencas de los ríos Vístula y Oder —los que se llamarían luego polacos—; otros se fijaron en Bohemia y Moravia, y otros, finalmente, se radicaron en las costas del Adriático y se los conoce con el nombre de eslavos del sur o yugoeslavos.

Los mongoles, en fin, desprendieron hacia el oeste una nueva rama de su tronco, los magiares, que, como antes los hunos y los ávaros, llegaron por el Danubio y se instalaron en su curso medio, la actual Hungría, desde donde amenazaban a la Germania constantemente con sus expediciones de saqueo.

El saqueo y la depredación fueron, precisamente los rasgos característicos de estas segundas invasiones que la Europa occidental sufrió durante la Edad Media. Defendidas las diversas comarcas por una nobleza guerrera, no podían apoderarse de ellas con la misma facilidad con que en el siglo V lo hicieron los germanos con el Imperio romano; pero la falta de organización, la autoridad que se esforzaban por mantener los reyes y sobre todo las dificultades técnicas, especialmente en materia de comunicaciones, hicieron que esa defensa, aunque suficiente para impedir la conquista, fuera ineficaz para acabar de una vez con la amenaza de las incursiones de saqueo. De esas circunstancias derivó una creciente autonomía de las diversas comarcas libradas a sus solas fuerzas, de la que se beneficiaron los señores que pudieron y supieron organizar una defensa efectiva de sus territorios y de las poblaciones que se ponían bajo su custodia. Esos territorios, recibidos del rey para que los gobernaran, pasaron a ser cada vez más de la propia y absoluta jurisdicción de los señores, que poco a poco empezaron a considerarlos también como su propiedad privada, aun cuando reconocieran el mejor derecho del rey. Así se formaron poco a poco los feudos, unidad básica de la nueva organización social que germinaba, y cuyo origen, por lo demás, se remontaba a una época anterior en que esas y otras circunstancias habían tendido al mismo fin.

El feudo se caracterizó, en efecto, por ser una unidad económica, social y política de marcada tendencia a la autonomía y destinada a ser cada vez más un ámbito cerrado. Había sido concedido a un noble por el rey —o por otro noble de mayor poder— para que se beneficiara con sus rentas y, al mismo tiempo, para que lo administrara, gobernara y defendiera. Ese noble —el señor del feudo— estaba unido al rey —o al noble de quien recibiera la tierra, o a ambos— por un doble vínculo: el del "beneficio", que lo obliga a reconocer la propiedad eminente de quien le había otorgado el feudo, y el "vasallaje" por el que se comprometía a mantener la fe jurada con su señor, obligándose a combatir a su lado y a prestarle toda suerte de ayuda.

El beneficio suponía la aceptación de una tierra con la condición de no tener sobre ella sino el usufructo, en tanto que se reconocía el dominio al señor que la entregaba. Podía ser hereditario y se revocaba de común acuerdo o cuando una de las partes podía probar que la otra había violado alguno de los puntos del contrato feudal. Cada señor podía, a su vez, entregar parte de la tierra recibida a otro señor en las mismas condiciones.

El vasallaje suponía la admisión de una relación de dependencia política, pues el vasallo era automáticamente enemigo de los enemigos de su señor y amigo de sus amigos, hasta el punto de que no se invalidaban los compromisos derivados del vínculo vasallático ni siquiera por los lazos del parentesco: se llegaba a ser enemigo del propio padre si el señor lo era.

El vínculo feudal se establecía mediante un contrato, que por cierto no solía fijarse por escrito, pero que se formalizaba en ceremonia pública y ante testigos. Un juramento ligaba no sólo a las dos partes contratantes sino también a los testigos que se hacían solidarios del cumplimiento de lo pactado. El contrato feudal tenía dos fases. En la primera se establecía el vínculo del beneficio, mediante la "investidura" o entrega de un objeto que representaba simbólicamente la tierra que

el beneficiario recibía. En la
vasallaje por el juramento de
el futuro vasallo a su futuro seño
poniendo las suyas entre las de él.

Como cada señor podía hacerse
otros menos poderosos que él que ace
las tierras que él tenía, llegó a crearse un
quico que habría de ser una de las caracte
sociedad de la época. Esa jerarquía se establ tro
de la clase señorial, y era a su vez una parte de a más vasta que la incluía, pues junto a ella se establecían los grados en que se clasificaba el orden sacerdotal y por debajo de ella se situaban las clases no privilegiadas. Era, pues, la sociedad feudal una organización basada en la desigualdad.

Las clases no privilegiadas eran la de los campesinos libres y la de los siervos. Desde cierto punto de vista, la diferencia entre ambas clases era leve, pues los señores ejercían su autoridad y su poder con absoluta discrecionalidad sobre ambas, ya que no había frenos legales que pudieran sobreponerse a su predominio. Sólo los principios morales y religiosos podían servir de freno, y la época feudal fue un momento de muy paulatino ascenso de esos principios. Estrictamente considerado, el campesino libre sólo poseía sobre el siervo la posibilidad de cambiar de amo, pues conservaba la libertad de movimiento. El siervo estaba en cambio atado a la gleba y formaba parte de ella, hasta el punto de que era transferido de un señor a otro cuando se transfería la tierra. Pero ni campesinos libres ni siervos podían hacer nada frente a los abusos de los señores, pues la convicción estaba arraigada de que los primeros sólo tenían deberes, en tanto que correspondían legítimamente a los últimos todos los derechos y privilegios.

La sociedad feudal empezó a trazar los rasgos característicos de su organización en la época de los reinos romanogermánicos y del Imperio carolingio; pero sería

...nscurso del siglo IX cuando habría de adquirir ...isonomía precisa, que perduraría con pleno vigor hasta el XIII. Desde entonces, aun subsistentes ciertas estructuras, ese régimen empezaría a desintegrarse por la presión de nuevas fuerzas económicas, sociales y políticas, de modo que no puede ya hablarse con absoluta exactitud de una sociedad típicamente feudal.

Durante ese tiempo, la historia de los reinos de la Europa occidental se caracterizó por la progresiva adecuación de su régimen interno a las fuerzas predominantes. La monarquía se debilitó considerablemente y los señores ascendieron en poder y riqueza; pero los reyes no cedieron nunca del todo, y en el fondo del cuadro de la sociedad feudal hay siempre un panorama de lucha abierta o encubierta entre la monarquía y la nobleza.

En Alemania y Francia, las dinastías carolingias duraron hasta el siglo X. Los descendientes de Luis el Germánico se extinguieron en la primera en 911, cuando los grandes señores se habían fortalecido notablemente, y en particular los duques de Sajonia, Franconia, Suabia y Baviera. Uno de ellos —el de Franconia— fue elegido rey entonces, y a partir de ese momento quedó establecido que el trono germánico sería electivo. Pero en 918 fue elegido Enrique de Sajonia, y desde entonces hasta 1002 los duques sajones gobernaron el reino imponiendo a los señores por diversas vías la elección del sucesor dentro de su casa, de manera que, aunque la corona siguió siendo electiva en teoría, en la práctica resultó hereditaria.

De todos los reyes sajones, Otón I el Grande (936-973) fue el más brillante. No sólo rechazó a los invasores que asolaban las fronteras sino que conquistó la Italia y se coronó emperador, creando el Santo Imperio Romanogermánico. Su política interior se caracterizó por sus esfuerzos hacia la consolidación del poder real conteniendo a los señores.

Ésta fue también la tendencia de sus sucesores, pero

sólo las cualidades personales de Otón I pudieron asegurar algún éxito en esa política, en la que no tuvieron éxito monarcas menos vigorosos, pues más que problemas de derecho, se trataba de situaciones de hecho.

Entretanto, la dinastía carolingia había declinado también en Francia hasta desaparecer al fin. En 987 los señores eligieron rey —en reemplazo del carolingio Luis V— al conde Hugo Capeto, que se había atraído la consideración de sus pares por su sostenida y eficaz defensa del territorio del norte de Francia contra los normandos. Con él se inició una dinastía destinada a perdurar durante varios siglos. Los primeros Capetos tuvieron como problema fundamental el mismo que había preocupado a los reyes y emperadores de Alemania: la sumisión de los señores y el fortalecimiento de la autoridad real. Sus éxitos fueron escasos, pero lograron al menos asegurar su predominio en sus propios feudos. Debía esperarse al siglo XIII para lograr una transformación importante en las condiciones generales del reino, tras la derrota de los Plantagenets.

Por su parte, Inglaterra adquiría poco a poco una fisonomía diferente debido a las sucesivas invasiones que sufrió. Los reinos anglosajones se vieron acosados por los daneses, que pusieron pie muchas veces en la isla con distinta fortuna, pero que al fin se apoderaron de ella por obra del rey Cnut de Dinamarca, que estableció, a principios del siglo XI, un poderoso imperio anglodanés. Por un momento pareció que Eduardo el Confesor podría encaminar al reino por una senda independiente y sin influencias extranjeras, pero a su muerte el trono quedó vacante y fue disputado, conquistándolo al fin el duque Guillermo de Normandía gracias a su victoria en Hastings (1066). El reino adquirió desde entonces una peculiar fisonomía. Mientras en Europa ascendía el poder de los señores, la monarquía inglesa se establecía sobre la base de un vigoroso poder central, creado por la circunstancia de que Guillermo no debía a nadie su trono, sino que, por el contrario, había podido recompensar a sus guerreros con tierras que entregó, eso sí, con la condición de que se respetara fielmente su autoridad. Contra esta organización reaccionarían más tarde los señores, imponiendo en la primera ocasión favorable serias limitaciones a la autoridad del rey.

En la península ibérica crecían entretanto los reinos de Castilla y Aragón, y se formaba el de Portugal. El reino de Castilla habíase formado por el progresivo desarrollo del pequeño reino asturleonés que se estableciera en las montañas del noreste al producirse la invasión musulmana; en la paulatina reconquista, la meseta castellana había adquirido cada vez más importancia por su proximidad con los estados musulmanes, y sus condes se hicieron autónomos, llegando luego a afirmar su autoridad sobre todo el reino cristiano del noroeste. A fines del siglo XI, los cristianos habían avanzado hasta el Duero y se acercaban poco a poco hasta las orillas del Tajo. Alfonso tomó allí la ciudad de Toledo (1085), y aunque después sus huestes fueron batidas por los almorávides que vinieron en auxilio de los musulmanes españoles, la plaza fuerte fue mantenida. Poco después se separó de su reino el condado de Portugal, que se transformó en un reino autónomo, cuyos reyes de origen borgoñón lograron expulsar prontamente a los infieles de su suelo. Entretanto, el reino de Aragón, constituido en la antigua marca carolingia de España, se extendió progresivamente por las costas del Mediterráneo.

Así crecieron y se organizaron las monarquías occidentales durante los primeros tiempos de la época feudal, en medio de una constante lucha interna entre los señores que defendían sus prerrogativas y la realeza que pugnaba por contenerlos. En esta lucha la corona comenzó a buscarse aliados, y los halló muy pronto en la burguesía, que por entonces empezaría a constituirse en las ciudades, protegida por los reyes.

2) Bizantinos y árabes hasta el siglo XIII

Mientras la Europa occidental se disgregaba en un sinnúmero de señoríos sobre los cuales ejercían escasa autoridad el emperador y los reyes, el Imperio bizantino y el califato musulmán mantuvieron durante algún tiempo su unidad, aun cuando el último se desmembrara también en varias grandes unidades.

En Bizancio, los reinados de León III (717-740) y Constantino V (740-775) correspondieron a una época de ajuste y ordenación del imperio. Firmes en sus convicciones, los dos emperadores mantuvieron su severa política contra el partido de los monjes y contra el culto de las imágenes, al tiempo que defendían enérgicamente las fronteras contra los árabes y los búlgaros: por entonces perdió el imperio sus posesiones en Italia, de las que se apoderó Pipino el Breve para entregarlas al papado, pero en Oriente los invasores fueron contenidos.

Poco después —en época de Carlomagno— la emperatriz Irene restauró el culto de las imágenes, pero esa tendencia no prevaleció y volvieron los iconoclastas al poder por algún tiempo, hasta que finalmente se restableció de modo definitivo en 843, durante la regencia de la emperatriz Teodora y a instancias de su hermano y ministro Bardas. Fue éste el personaje más influyente durante el reinado de Miguel III (856-867), y si bien se le debe la vigorosa persecución contra los paulicianos, que provocó lamentables consecuencias políticas y religiosas, se llenó de gloria con la restauración de la universidad y el amplio estímulo que prestó a la vida intelectual, que pasó por entonces por uno de sus brillantes momentos. Por lo demás fue también una época gloriosa, pues no solamente se contuvo a los invasores árabes sino que también se logró impedir el ataque de los rusos, organizados entonces en las llanuras comprendidas entre Novgorod y Kiev por los varegas o normandos. En 850 los rusos se lanzaron sobre Constantinopla, pero fueron rechazados y desde entonces Bizancio insinuó su influencia hacia el norte hasta imprimir su sello de manera indeleble en las llanuras meridionales de Rusia.

Desde 867 hasta 1056 rigieron el Imperio bizantino los emperadores macedónicos. El vigor de que se sintieron poseídos y el esplendor que alcanzó el imperio indujeron a los patriarcas de Constantinopla a acentuar su resistencia frente a Roma, y las relaciones entre aquéllos y el pontificado se hicieron cada vez más difíciles. Los bizantinos acrecentaban su influencia religiosa, debido sobre todo a la conversión de los búlgaros y los rusos. Pero esta influencia religiosa no correspondía a una equivalente hegemonía política, pues los búlgaros se independizaron en época del zar Simeón (893-927) y se constituyeron en una potencia temible que sólo pudo ser reducida por los bizantinos a fines del siglo x. Entretanto, el conflicto con el papado adquirió cada vez más vehemencia, y en 1054 quedó definitivamente establecido el cisma entre Roma y Constantinopla, luego de la excomunión del patriarca Miguel Cerularios por el papa León IX.

Poco después entró el Imperio bizantino en una rápida declinación, no sólo por razones internas, sino también por la terrible ofensiva que iniciaron los musulmanes, ahora dominados por los turcos seldyúcidas. Bajo la presión de sus fanáticos jefes, el mundo musulmán había vuelto a adquirir por entonces la unidad y vigor que le había faltado en los últimos tiempos, de modo que, a mediados del siglo xi, recomenzó la guerra santa con la misma violencia que había tenido en los primeros tiempos. Justamente cuando los normandos de Roberto Guiscardo ocupaban el sur de Italia y Sicilia, los musulmanes se apoderaron del Asia Menor tras operaciones rápidas y concluyentes, de modo que el Imperio bizantino se vio en el mayor peligro.

Cuando en 1081 asumió el poder imperial Alejo I Comneno, solicitó ayuda a los cristianos de Occidente contra los infieles; el papado organizó las cruzadas, acaso con la esperanza de unificar otra vez la Iglesia, y Bizancio reconquistó el Asia Menor, en el curso de las tres primeras cruzadas, no sin tener que tolerar la vecindad de algunos señoríos latinos que demostraban la intención expansiva de los occidentales. La cuarta cruzada fue una prueba concluyente de ello. Unidos los venecianos y los franceses, se dirigieron contra Constantinopla y se apoderaron de ella, a impulso de los comerciantes venecianos que aspiraban a utilizar las vías de penetración económica que había insinuado el imperio. Desde 1204 hasta 1261, Constantinopla y la región europea del imperio estuvieron en poder de los emperadores latinos, en tanto que los bizantinos se instalaron en Asia Menor y, desde Nicea, su capital, buscaron la ocasión para expulsar a los usurpadores, ocasión que se mostró favorable en 1261.

Desde la caída de los oméyades, el centro del califato musulmán se había desplazado hacia la Mesopotamia y el Irán, de donde sacaban su fuerza los nuevos señores, que por el fundador, Abul Abas, se llamarían abasidas. Al cabo de algún tiempo los nuevos califatos emprendieron la fundación de una nueva ciudad que debía ser la capital del vasto imperio, Bagdad, a orillas del Tigris, en la que brilló toda la grandeza y el esplendor de los poderosos autócratas y revivieron las tradiciones persas de los sasánidas. Si ese legado pudo advertirse en la literatura y las artes, no se manifestó menos en la organización del califato, que se calcó sobre las viejas costumbres persas. Contribuyeron a ello, especialmente, los funcionarios de la nueva burocracia, provenientes de las viejas familias iranias, que llegaron a crear castas hereditarias, especialmente una en cuyo beneficio se hizo hereditario el cargo de visir, con lo que buena parte del poder volvió al pueblo antiguamente sometido.

El califato alcanzó su mayor esplendor en época de Harum al-Raschid (786-809); pero ya entonces no alcanzaba los límites del califato oméyade, pues España se había separado definitivamente. Quizá el propio Harum al-Raschid estimulara a su contemporáneo Carlomagno a que hostilizara a los emires musulmanes de España, pues él mismo procuraba activamente someterlos a su autoridad. Pero múltiples circunstancias contribuían a impedir la perduración de la vasta unidad territorial que constituía el califato y, como España, se apartaron de la autoridad de Bagdad el reino de Korasán, la Berbería y el Egipto.

Espiritualmente unidas por el vínculo religioso, estas diversas regiones no mantuvieron relaciones de alianza o colaboración política, pues no sólo predominaban en ellas grupos sociales y étnicos muy diversos, sino que, además, aun desde el punto de vista religioso estaban separadas por algunas divergencias. En efecto, la multiplicación de las sectas religiosas heterodoxas fue uno de los rasgos más curiosos del mundo musulmán durante esta época, y algunas entre ellas alcanzaron un enorme desarrollo. Sus fieles se sentían unidos por el más firme de los lazos, y lucharon con sus rivales por la conquista del poder, lográndolo cada una de ellas en diversas regiones, de modo que la hostilidad que los separaba a partir de ese momento era al mismo tiempo nacional, étnica, política y religiosa.

En España, el emirato de Córdoba alcanzó su mayor desarrollo en época de Abderramán III (912-961). Hasta entonces los oméyades españoles se habían resistido a quebrar definitivamente la unidad del califato, acaso porque esperaban conquistarlo apoyándose en su legitimidad. Pero el tiempo los convenció de la inutilidad de la espera y Abderramán III se proclamó califa en Córdoba. Por su parte, los bereberes habían logrado una gran importancia por sus operaciones navales y habían conquistado Sicilia, en tanto que el Egipto conservaba su tradicional ascendiente en el mundo musulmán.

La declinación del califato de Bagdad comenzó a fines del siglo IX, por la creciente influencia que alcanzaron las fuerzas mercenarias que constituían el principal apoyo de los califas. Se veían en su guardia negros, bereberes, eslavos y, sobre todo, turcos. Estos últimos llegaron a tener una enorme gravitación, sobre todo a partir del momento en que algunas de sus ramas consiguieron hacerse fuertes en los confines orientales del mundo islámico, cerca de la India. Desde allí vinieron hacia el oeste otros grupos encabezados por los seldyúcidas, que prontamente impusieron su terrible energía guerrera sobre el antiguo califato. Los seldyúcidas entraron allí al promediar el siglo XI —poco después de haberse producido la disgregación del califato de Córdoba—, y los turcos pasaron de la situación de mercenarios a la de amos en muy poco tiempo. En 1060 la autoridad del seldyúcida Togulbreg era reconocida en todo el califato, así como también en Egipto y otras regiones antes separadas. A partir de entonces y hasta 1157, su autoridad fue vigorosa y se manifestó sobre todo en la reanudación de la guerra santa, gracias a la cual arrebataron a los bizantinos toda el Asia Menor, para derrotarlos definitivamente en 1071.

Pero su energía era la del rudo guerrero, no la del político, de modo que el califato se escindió muy pronto en varios emiratos autónomos —Irak, Asia Menor, Siria, Egipto—, cada uno de los cuales aspiró a acrecentar sus territorios a costa de los otros. De allí surgieron continuas luchas que los debilitaron y les impidieron hacer frente, unidos, a la ofensiva que desencadenaron los barones cristianos a partir de 1097, llamados por el emperador de Constantinopla Alejo Comneno. La pérdida de algunos lugares estratégicamente importantes —como Edesa y Jerusalén— contribuyó a acelerar la declinación de los emiratos musulmanes, que constituyeron fácil presa para un conquistador de envergadura, Saladino, de origen kurdo, que se apoderó del Egipto por el mismo método que habían usado los seldyúcidas para quedarse con el califato, esto es, usurpando el poder de quienes lo habían llamado para que los sirviera. En

1174 su autoridad se extendió por el Egipto, Siria, Mesopotamia y el Yemen, y a él correspondió la misión de poner freno a la ofensiva cristiana en Oriente.

A su muerte, la dinastía de los ayúbidas, que Saladino fundó, dispersó nuevamente sus estados, formándose los emiratos de Egipto, Yemen y Mesopotamia, en tanto que la Siria se dividía en tres señoríos.

Una vez más, las condiciones eran favorables para un nuevo conquistador que saldría también del tronco mongólico.

3) El Imperio y las ciudades libres

En el Occidente, el Santo Imperio Romanogermánico era hacia el siglo xi la potencia más importante. Por su extensión, y sobre todo por la posesión de Italia, parecía conservar algo de la gloria de los romanos y de Carlomagno. Pero en el fondo su fortaleza era sólo aparente, pues la autoridad imperial no llegó nunca a consolidarse más allá de donde podía alcanzar temporalmente la capacidad personal de alguno de los emperadores, sobreponiéndose a los intereses locales de los señores. Esta situación se hizo particularmente grave en la primera mitad del siglo xi.

A la muerte del último emperador sajón, Otón III, fue elegido el duque de Baviera, Enrique II, que gobernó hasta 1024. Después de éste la elección recayó en Conrado II de Franconia, y desde entonces hasta 1125 retuvo esta casa la corona por el mismo método que antes habían puesto en práctica los duques sajones, esto es, comprometiendo a los electores de diversas maneras para asegurar la elección en favor de los miembros de la familia. Durante la época de los emperadores francones el imperio se extendió con la anexión del reino de Arlés —que comprendía la Borgoña y la Provenza—, pero, en cambio, las dificultades interiores fueron terribles durante mucho tiempo debido a la larga minoridad de Enrique IV, que recibió el trono siendo un niño, en 1056.

La falta de un puño enérgico y las rivalidades que estallaron alrededor de la regencia permitieron a los señores abrigar la esperanza de asegurarse una definitiva autonomía, y puede decirse que lo lograron durante algún tiempo. Pero llegado Enrique IV a la mayoría de edad, se propuso reprimir las tendencias autonomistas de sus vasallos y se suscitaron conflictos internos de mucha gravedad. Como al mismo tiempo el emperador disputó al papa el derecho de investir a los obispos —basándose en que sólo de él podían recibir los feudos adscritos a las sillas episcopales—, los señores recibieron el apoyo del pontífice, que era por entonces Gregorio VII, una de las más enérgicas personalidades que haya tenido la historia del papado y acaso el más celoso defensor de la omnipotencia de los pontífices.

En el curso del conflicto entre las dos más altas potestades de Europa, Gregorio VII excomulgó al emperador y, en consecuencia, liberó a los señores del juramento de fidelidad que habían empeñado con él. La insubordinación fue entonces general, y Enrique IV, viéndose perdido, debió humillarse ante el papa en una ceremonia pública que se celebró en el castillo de Canosa y que marcó uno de los momentos culminantes en la historia del papado. Pero Enrique IV no consideraba definitiva su derrota y, una vez que volvió a empuñar firmemente el poder, se dedicó a ajustar los resortes del imperio hasta contar con fuerzas suficientes para tomar venganza de la afrenta que había sufrido. En efecto, entró de nuevo en Italia y se lanzó contra el papa, iniciándose un conflicto que duró largo tiempo y al que pusieron fin más adelante el emperador Enrique V y el papa Calixto II mediante la firma del Concordato de Worms (1122). Se establecía allí que el papa otorgaría a los obispos la investidura canónica, pero que éstos no entrarían en posesión de los feudos adscritos a la silla episcopal sino mediante la investidura por el emperador.

Con breve interrupción sucedieron a los emperadores francones los de la casa de Suabia, de la familia de los Hohenstaufen, que ocuparon el trono desde 1137 hasta 1250. Federico Barbarroja (1152-1190) fue la figura de esta dinastía que la historia recogió con caracteres más brillantes. Y, sin embargo, su reinado fue una lucha constante para afirmar su autoridad dentro y fuera de Alemania. Dentro de Alemania, los magnates se agruparon alrededor del duque de Baviera y Sajonia, Enrique el León, cuya sostenida resistencia contra el emperador llenó la historia de muchos años. Los apoyaba el papa, deseoso de restringir la autoridad imperial, quien estimulaba al mismo tiempo a las ciudades mercantiles del norte de Italia a resistir al emperador. La polarización de las opiniones y las simpatías fue tan decidida, que se constituyeron en Alemania y en Italia dos grandes partidos, los güelfos y los gibelinos, los primeros partidarios del papa y los segundos partidarios del emperador. Unos y otros defendieron sus opiniones con encarnizamiento, y se vio surgir la guerra civil por todas partes, movida por los odios más encarnizados.

Federico consiguió sobreponerse a las dificultades en Alemania, y aun al principio pudo aplastar la rebelión de las ciudades italianas. Pero luego éstas se unieron bajo la inspiración del papado formando la Liga Lombarda, y en una acción decisiva Federico Barbarroja fue derrotado en Legnano (1176). Tuvo entonces que reconocerles a las ciudades mercantiles ciertas libertades, aun afirmando teóricamente su autoridad política, gracias a la cual, por cierto, pudieron las poderosas y pujantes ciudades italianas alcanzar un extraordinario brillo por su riqueza.

Federico Barbarroja acariciaba desde antiguo el deseo de marchar a Tierra Santa para luchar con los infieles. Su propósito pareció cumplirse cuando emprendió el largo camino de consuno con Felipe Augusto y Ricardo Corazón de León; pero el emperador murió en Asia Menor sin llegar a su destino, y su recuerdo quedó, por cierto, grabado en la memoria de su pueblo, que imaginó que algún día habría de regresar para asegurar la paz en el conturbado imperio.

Enrique VI, que sucedió a Federico Barbarroja, anexó al imperio el reino normando de las Dos Sicilias, de modo que desde entonces el papado se sintió doblemente amenazado —por el norte y el sur— por los Hohenstaufen. Esa situación no podía sino acrecentar las hostilidad entre güelfos y gibelinos, situación que se agravó aún más cuando llegó al trono real de las Dos Sicilias Federico Hohenstaufen, el futuro Federico II, que se manifestó como un monarca libre de prejuicios, autoritario, tolerante en materia de ideas y celoso de su autoridad frente al pontificado. Más aún habría de agravarse cuando Federico recogiera la corona imperial (1197), y la lucha fue en efecto, desde entonces, violenta y despiadada. El emperador fue excomulgado, y dio pruebas de su temperamento organizando una cruzada contra la voluntad del papado y cuyo final habría de ser una transacción con los musulmanes.

El papado sublevó contra Federico II las ciudades güelfas y trató de entorpecer de todas maneras su acción. Pero su triunfo se vio retrasado, dada la energía de Federico, hasta que se produjo su muerte en 1250. Entonces sí pudo el papado recoger los frutos de su tenaz oposición a los Hohenstaufen. La corona imperial quedó vacante durante un largo periodo —llamado el "gran interregno alemán"— y el reino de las Dos Sicilias fue otorgado a un príncipe francés que tras algunas luchas logró asentarse definitivamente en él. El imperio no debía levantar cabeza tras esta catástrofe, y la autoridad unificadora no debía volver a ejercerse sino de manera muy ineficaz.

El interregno alemán facilitó el desarrollo de las ciudades libres en Italia y Alemania. Pero muchas de ellas estaban ya en proceso de rápido crecimiento, y el fenómeno de concentración urbana se advertía en otros lugares de Europa. Hay una historia de las ciudades que se inserta en el desarrollo del orden feudal hasta que se apartan de él para oponérsele y contribuir eficazmente a su crisis.

Fueron especialmente las expediciones que comenzaron en las postrimerías del siglo XI las que estimularon el desarrollo de la actividad específica de las ciudades, esto es, el comercio y las manufacturas. Viejos centros urbanos de origen romano, decaídos durante la temprana Edad Media, y nuevas poblaciones levantadas en los cruces de los caminos o en las proximidades de algún lugar de peregrinación, empezaron a atraer a los campesinos que lograban escapar de los vínculos señoriales para iniciar allí una nueva vida. Generalmente bajo la protección de algún señor, pero sobre todo con el apoyo de la monarquía, las ciudades empezaron a crecer en importancia a medida que crecía su población y se desarrollaban en ellas la artesanía y el comercio. Los reyes vieron en las poblaciones de las ciudades sus aliados naturales contra los señores, no sólo porque pagaban su protección con dinero contante y sonante que permitía la creación de un tesoro real, sino también porque servían fielmente a sus intereses hostilizando a los señores en procura de su libertad comunal. Las cartas municipales o los fueros acordados por el rey independizaron a las ciudades de la tutela y la explotación de los grandes señores feudales y les permitieron apresurar su desarrollo económico, en el que debía tener origen una clase burguesa con intereses e ideales opuestos a los tradicionales de la sociedad feudal. Así, al restablecerse el tráfico marítimo gracias a la acción de los cruzados, una artesanía y un comercio próspero empezaron a desarrollarse, y con ellos una economía cada vez más apoyada en el uso de la moneda. En poco tiempo, la riqueza inmueble que constituía el fundamento de la clase feudal debía empezar a perder la decisiva supremacía que había poseído hasta aquella época.

Ya en el siglo XII algunas ciudades obtuvieron del rey de Francia una carta municipal que les aseguraba cierto margen de independencia gracias al cual les fue posible desarrollar libremente sus actividades económicas. Otras ciudades francesas y flamencas obtuvieron semejantes franquicias, y la misma suerte cupo a las de Aragón, Castilla, Dos Sicilias, Alemania e Inglaterra. Las industrias empezaron a florecer, especialmente la de los tejidos, y un activo comercio empezó a desarrollarse en todo el Occidente. Venecia, Génova, Florencia, Amalfi y Pisa, en Italia; Lübeck, Hamburgo y Colonia, en Alemania; Gante, Brujas y Malinas, en los Países Bajos, y tantas otras adquirieron un rápido esplendor gracias al intenso movimiento comercial que se desarrolló entre ellas. Desde Novgorod y Bergen hasta Londres y Burdeos, y desde Bizancio y los puertos de Siria hasta España, las naves empezaban a traer y llevar mercancías, materias primas y artículos manufacturados que servían a las necesidades fundamentales de la vida, pero que desarrollaban también un apetito por los objetos de lujo antes desconocidos en el Occidente.

Para facilitar el intercambio y para defenderse de quienes aspiraban a dominarla a fin de controlar sus crecientes riquezas, las ciudades formaron ligas y hermandades, con lo que su poder creció considerablemente. La Hansa teutónica, que agrupaba las ciudades alemanas y extendía sus actividades por el mar Báltico, el del Norte y el océano Atlántico fue, acaso, la más poderosa. Las ciudades del norte de Italia se unieron formando la Liga Lombarda, que pudo hacer frente con éxito a Federico Barbarroja. Y en otras partes acuerdos más o menos duraderos lograron el mismo fin.

En el siglo XIII la burguesía de las ciudades había alcanzado tal poder, que pudo lograr su independencia casi absoluta en el territorio imperial. En esa misma época, procuradores o representantes de las ciudades acudían a las cortes aragonesas y castellanas, así como al naciente parlamento inglés. Su importancia política parecía escasa, pero sus intereses se imponían a la consideración de la corona, que se sentía solidaria con ellos. Los grandes grupos económicos organizaron su intercambio sobre la base de importantes casas bancarias, y las operaciones militares dependieron muchas veces de los apoyos que podían prestarles los nuevos detentadores de la riqueza. Ya no bastaba poseer tierras, porque había muchos que poseían importantes cantidades de oro. La organización de la sociedad feudal empezaba a conmoverse en su base, y en el transcurso de la baja Edad Media las ciudades pondrían de manifiesto su creciente fuerza.

4) Los reinos feudales

Fuera del Santo Imperio Romanogermánico, los reinos que no reconocían la autoridad imperial manifestaron en su desarrollo caracteres análogos a los de aquél. La clase señorial afirmó su posición predominante en Francia, Inglaterra, Castilla, Aragón, Portugal y Dos Sicilias, aunque no sin tener que luchar con los reyes, que nunca abandonaron la defensa de ciertas prerrogativas. Y si hasta las cruzadas los grandes feudales predominaron inequívocamente, a partir del siglo XIII su estrella empezó a declinar y habría de verse el progresivo y vigoroso ascenso de la monarquía.

En Francia, el forcejeo entre el rey y la nobleza asumió cierta gravedad a partir de mediados del siglo XII. El rey Luis VII vio alzarse contra él a uno de los señores más poderosos, el conde de Anjou Enrique Plantagenet, que poco después recibió la corona de Inglaterra (1154). La guerra —ahora conflicto entre dos reinos además de conflicto feudal— habría de durar largo tiempo y alcanzó una gran violencia con los sucesores de quienes la habían iniciado. Ricardo Corazón de León, rey de Inglaterra, y Felipe Augusto, rey de Francia, se mantuvieron en sostenida hostilidad, excepto durante el periodo de tregua que concertaron para concurrir a la tercera cruzada. Y cuando Juan sin Tierra sucedió a Ricardo, el conflicto llegó a su punto culminante, pues se aliaron con el rey de Inglaterra numerosos señores de los Países Bajos y del norte de Francia y el emperador de Alemania; sin embargo, Felipe Augusto logró derrotarlos en la batalla de Bouvines (1214) y la situación cambió desde entonces, en parte por las dificultades que comenzaron a aparecer para los reyes ingleses y en parte por la actividad demostrada por Luis VIII de Francia, que consiguió arrebatar a su rival vastas extensiones en el sur de Francia.

Felipe Augusto habíase preocupado también de encontrar aliados contra los señores feudales, y favoreció a las nacientes burguesías de las ciudades protegiéndolas contra ellos, aunque sólo con la intención de allegar recursos para sus necesidades militares. Sus medios le permitieron afrontar la lucha con éxito, y su sucesor acentuó la ventaja obtenida por los franceses. Así encontró planteada la situación Luis IX —luego San Luis—, que llegó al trono en 1226.

Luis IX tenía puestos los ojos en las empresas religiosas y organizó dos cruzadas; sin embargo, celoso de los intereses del reino, no abandonó la lucha contra Enrique III, entonces rey de Inglaterra. Guiado por un propósito piadoso y aprovechando la posición ventajosa en que se hallaba, Luis IX ofreció la paz a Inglaterra y la concluyó con la firma del tratado de París en 1258. Se convino entonces en que los Plantagenets perdían sus posesiones en el oeste de Francia, pero conservaban las del sur, que pertenecían a su señorío tradicional. Ese tratado, que tantas inquietudes suscitó en Inglaterra, proporcionó en cambio a Luis IX un notable prestigio en la cristiandad.

En Inglaterra, la conquista del reino por Guillermo, duque de Normandía, en 1066, creó una situación de definido predominio de la corona, cuya autoridad no sólo era expresamente reconocida por los nuevos señores sino que se ejercía además por los funcionarios del rey. Con el tiempo, y a medida que la nobleza se sintió firme en el trono, esa situación habría de variar. Los Plantagenets, que obtuvieron el poder a mediados del siglo XII, procuraron conservar su autoridad y aun puede decirse que Enrique II, primer rey de la dinastía, lo consiguió. Pero desde entonces, la preferente atención que los reyes prestaban a sus feudos franceses y el curso desgraciado que la guerra tuvo para ellos después de Bouvines estimularon a los señores en la lucha por la defensa y el acrecentamiento de sus privilegios.

Al año siguiente de la derrota de Bouvines, Juan sin Tierra, cuya autoridad había quedado ya disminuida poco antes por su humillación frente al papa Inocencio III, debió aceptar las enérgicas exigencias de sus vasallos para que firmara la "Carta Magna de las libertades de Inglaterra", documento que establecía una serie de garantías contra la autoridad de los reyes. Desde entonces la monarquía vio crecer el poder de los señores, y cada vez que Enrique III quiso violar las prescripciones de la Carta Magna debió soportar la recia hostilidad de los barones, que concluyeron con forzarlo a aceptar nuevas obligaciones, como la de reunir periódicamente un parlamento que habría de ser la base de esa institución, más tarde establecida con carácter permanente. En efecto, tras la firma del tratado de París en 1258, los nobles encabezados por Simón de Monfort obligaron al rey a suscribir los "Estatutos de Oxford", en los que se enunciaba la obligación del rey de gobernar asistido por un consejo de barones. Más tarde, Enrique intentó sustraerse al cumplimiento de los Estatutos y fue combatido y tomado prisionero, situación a la que puso luego fin el príncipe Eduardo, más tarde Eduardo I, reponiendo a su padre en el trono pero conservando los compromisos contraídos.

Mientras tanto, la principal preocupación de los reinos de Portugal, Castilla y Aragón era la lucha contra los musulmanes. A partir del siglo XI la situación parecía tornarse favorable a los cristianos, pues el califato de Córdoba se había disgregado en 1031 y los reinos de Taifa carecían de la fuerza necesaria para contener el ímpetu de la conquista. Gracias a esa circunstancia Alfonso VI de Castilla había podido apoderarse de Toledo en tanto que portugueses y aragoneses avanzaban hacia el sur por las costas del Atlántico y el Mediterráneo respectivamente. Fue entonces cuando los reinos de Taifa llamaron en su auxilio sucesivamente a los almorávides y a los almohades, que derrotaron a los castellanos en Zalaca (1086) y en Alarcos (1195). Pero ya para esta última fecha Alfonso Enríquez había logrado desalojar a los musulmanes de Portugal y los aragoneses habían conquistado Zaragoza y unificado el condado de Barcelona y el reino de Aragón, extendiéndose cada vez más hacia el Sur.

La situación de la península viró decisivamente en favor de los cristianos en el curso del siglo XIII. Alfonso VIII de Castilla derrotó a los musulmanes en las Navas de Tolosa (1212) encerrándolos en Andalucía, y Jaime I de Aragón se apoderó de las islas Baleares y de la ciudad de Valencia. Fue fácil poco después para Fernando III de Castilla arrebatarles buena parte de sus tierras y dejarlos reducidos al reino de Granada.

Entretanto, los reinos ibéricos habían conocido algunas de las dificultades sociales y políticas de los otros reinos europeos. Si los singulares caracteres de la lucha contra los musulmanes ofrecieron a la nobleza castellana ocasiones sobradas para satisfacer sus ambiciones y contuvieron al mismo tiempo todo afán de los reyes de someterlos excesivamente, en Aragón, los señores consiguieron arrancar a los reyes el "Privilegio general", que les aseguraba una situación predominante. Allí habían adquirido también gran importancia algunas ciudades mercantiles, como Zaragoza y Barcelona, en las que crecía poco a poco una burguesía de extraordinaria fuerza expansiva, que impulsó y siguió a la monarquía en sus aventuras trasmarinas. Así adquirió Aragón una notable gravitación en el mundo mediterráneo.

Entretanto, el reino de las Dos Sicilias cobraba poco a poco una gran importancia por su situación excepcional. Fundado por los normandos en el siglo XI, aprovechó rápidamente la reanudación del comercio mediterráneo y sus puertos desarrollaron una intensa actividad como intermediarios entre el Oriente y el Occidente. En el siglo XII el reino pasó a manos de los Hohenstaufen, y allí brilló Federico II, que realizó el primer ensayo de monarquía autocrática, anticipándose a la dirección que pronto imprimirían a su política los demás monarcas europeos. Pero la hostilidad del papado puso en un trance difícil al reino, que fue arrebatado a la dinastía suaba por la acción decisiva de los papas, para ser entregado a Carlos de Anjou, hermano de Luis IX de Francia.

Desde entonces el reino habría de entrar en una abierta competencia con los aragoneses, que condujo a una larga guerra por el dominio marítimo del Mediterráneo occidental.

Pero acaso todo el proceso interno de estos reinos —como del Santo Imperio Romanogermánico y las ciudades libres— no pueda entenderse bien sin recordar que este periodo corresponde al desarrollo de las expediciones emprendidas contra los musulmanes de Oriente y que se conocen con el nombre de cruzadas. Así, como es necesario recordar que al proceso político ya descrito acompaña el proceso económico y social reseñado al hablar de la formación de la sociedad feudal, es también necesario recordar que muchas de sus circunstancias están en estrecha relación con las guerras en países remotos que tan profundas consecuencias había de tener en todos los aspectos de la vida occidental.

5) La iglesia y las cruzadas

Durante el transcurso de la alta Edad Media, y a medida que se acentuaba el regionalismo feudal, la autoridad de los papas romanos creció y se afirmó decididamente. En una Europa que guardaba fervorosamente el recuerdo del Imperio romano y que, sin embargo, se resistía a congregarse en uno nuevo —pues el Santo Imperio Romanogermánico no extendía su influencia fuera de Alemania e Italia—, el papado representaba un vínculo espiritual que satisfacía la concepción universalista predominante sin imponer una relación de dependencia política. Poco a poco, durante la temprana Edad Media, los obispos habían reconocido la autoridad pontificia, especialmente en la Europa occidental, donde no se oponía a la autoridad del papa otra que pudiera alegar títulos semejantes, como ocurría, en cambio, con los patriarcas de Jerusalén, Alejandría o Constantinopla. Y desde la época en que los carolingios admitieron la coronación por el pontífice y le otorgaron un estado territorial, su autoridad no hizo sino crecer y afirmarse. Por su prestigio espiritual, por la vasta red que significaba la organización eclesiástica y particularmente las órdenes regulares, y por el ascendiente que le proporcionó la lucha contra el infiel, el papado alcanzó una influencia decisiva en todas las capas sociales de la sociedad occidental.

El siglo XI constituye en la historia del papado un periodo de singular importancia. Si bien es cierto que el cisma de Oriente disminuyó la extensión de la autoridad del papado, en el Occidente se vio robustecida por su actitud resuelta. Poco después de producido, en 1059, un sínodo acordó establecer un nuevo sistema para la elección pontifical, mediante el voto secreto de la alta jerarquía eclesiástica, con el objeto de que la Iglesia se liberara de las influencias que el poder político ejercía en esas circunstancias. Esa decisión fue tomada bajo la influencia del monje Hildebrando y durante el pontificado de Nicolás II. No mucho tiempo después, en 1073, Hildebrando fue elegido papa con el nombre de Gregorio VII, y su gobierno se caracterizó por la obstinada energía con que defendió la supremacía del papado frente al poder civil y a la resolución con que emprendió la reforma interior de la Iglesia. En el primer aspecto, no sólo excomulgó al rey Felipe de Francia, sino que se opuso categóricamente al emperador Enrique IV obligándolo finalmente a someterse en Canosa. En el segundo estableció el celibato, y procuró combatir la simonía, estableciendo severas normas con respecto a la investidura de los obispos. Gracias a todo ello, la autoridad del papado fue por entonces la más firmemente orientada de la Europa occidental.

Precisamente entonces fue cuando el emperador de Bizancio, pese al enfriamiento de las relaciones con Roma que siguió al cisma, recurrió al papa en procura de auxilio contra el peligro musulmán. Su pedido no fue escuchado entonces, pero más tarde, como se repitiera, pareció al papa Urbano II que le convenía al pontificado desde todo punto de vista acceder al ruego de los bizantinos. No sólo podía esperarse el retorno de la Iglesia de Oriente a la autoridad de Roma, sino que cualquier acción combinada de los cristianos en defensa del Santo Sepulcro ofrecía al papado la ocasión de ejercitar su autoridad universal por encima de la del emperador y los reyes. Estos motivos, unidos al sentimiento de estupor que causó en Occidente la noticia de la caída de Jerusalén en poder de los infieles, movieron al papado a predicar la organización de una expedición a Tierra Santa.

Muchas otras circunstancias, como el terror de las invasiones y el espanto que producía el "milenario", habían creado una atmósfera favorable por la generalización de un exaltado sentimiento religioso. Urbano II, solicitado por el emperador Alejo Comneno, convocó en Clermont un concilio que se reunió en 1095 con la presencia no sólo de altas dignidades eclesiásticas sino también de importantes señores laicos. El papa predicó la cruzada, esto es, la lucha de los soldados de Cristo contra los infieles en favor de la fe, y convocó a pobres y ricos para que se alistaran en las filas de los defensores del Santo Sepulcro.

La exaltación fue general. Antes de que los caballeros se organizaran para marchar hacia Tierra Santa, una multitud de personas de humilde condición se lanzó en caravana, a las órdenes de un monje, Pedro el Ermitaño, en busca de una muerte segura que debía depararles la salvación eterna. Cruzando toda Europa, la heterogénea caravana, sin armas ni bagajes, llegó hasta Constantinopla, después de dejar la huella de su paso por las diversas comarcas que atravesaron saqueándolas para alimentarse y descansar.

Una vez allí, el emperador de Bizancio, atemorizado por aquella oleada humana, se apresuró a facilitar el cruce del estrecho para que cuanto antes llegara a tierra de infieles, donde, por cierto, fue aniquilada casi en seguida por las disciplinadas huestes musulmanas.

Entretanto, los caballeros habían terminado su preparación, y, por diversos caminos, se dirigieron a Tierra Santa los normandos del sur de Italia, los franceses del sur y del norte separadamente y los alemanes y flamencos. En 1097 llegaron al Asia Menor y se apoderaron de Nicea, después de lo cual vencieron a los turcos en la batalla de Dorilea, con lo que quedaron dueños del Asia Menor. Entonces emprendieron la marcha hacia el sur y afrontaron múltiples dificultades frente a Antioquía, de la que se apoderaron finalmente, de modo que en 1099 pudieron dirigirse hacia Jerusalén, a la que consiguieron tomar poco después.

Los cruzados establecieron allí un reino cristiano bajo la autoridad de Godofredo de Bouillon, que tomó el título de "Protector del Santo Sepulcro", y procuraron mejorar sus posiciones abriéndose paso hacia la costa mediterránea. Otros señoríos, sobre todo los de Antioquía y Edesa, servían de contrafuerte a Jerusalén, de modo que por algún tiempo pudieron los cristianos sentirse fuertes allí. Un torrente de aventureros y mercaderes comenzó a llegar luego tras las huellas de los cruzados, y a principios del siglo XII las rutas del comercio mediterráneo empezaron a abrirse por entre las barreras que los musulmanes habían establecido.

Ya al promediar el siglo XII, sin embargo, los cristianos se vieron en peligro por la reacción de los musulmanes. Una nueva expedición —la segunda cruzada— se organizó entonces para defender el reino cristiano, pero fracasaron tanto Luis VII de Francia como Conrado III de Alemania. Los cristianos, empero, pudieron resistir hasta 1187, pero ese año Saladino logró apoderarse de Jerusalén, poniendo fin a la conquista que tantos esfuerzos costara a los primeros guerreros.

La pérdida de la ciudad santa llenó de congoja a los cristianos de Occidente. Los príncipes de tres países, Federico Barbarroja, Ricardo Corazón de León y Felipe Augusto, decidieron entonces lanzarse en una nueva cruzada —la tercera— para reconquistarla. Pero sus esfuerzos aislados no podían producir un resultado favorable; Barbarroja murió en el camino (1190) y después de algunas hazañas personales, algunos éxitos limitados y muchos fracasos de los reyes de Francia e Inglaterra, decidieron volver estos últimos a sus tierras para seguir combatiendo entre sí, mientras Jerusalén quedaba en poder de los infieles.

Puede decirse que hasta entonces había sido el sentimiento religioso lo que había movido a los cruzados, aun cuando se mezclaran con aquél ciertas ambiciones y cierto afán de aventura despertados en el ánimo de los caballeros. Pero a partir de entonces los intereses económicos empezaron a predominar, pues se advertían las posibilidades de aprovechar la libertad de los mares y las bases de operaciones en el Oriente para desarrollar un activo intercambio. Los mercaderes, en efecto, siguieron y acompañaron a los guerreros, y en muchos casos impusieron sus puntos de vista. Fue precisamente lo que ocurrió con la cuarta cruzada.

En efecto, preparada por caballeros franceses, resultó en la práctica una expedición comercial dirigida por los mercaderes venecianos que, al facilitar los barcos, exigieron que se realizara ante todo una operación militar contra Constantinopla para fortalecer su posición comercial en el centro vital del comercio de Oriente. Los caballeros franceses, ante la imposibilidad de pagar los gastos de la expedición, cedieron a la demanda de los venecianos, y muy pronto cobraron un enorme entusiasmo ante la perspectiva de apoderarse de la capital bizantina. Así lo hicieron, en efecto, en 1204 y fundaron entonces el Imperio latino de Oriente, del que Balduino de Flandes fue el primer emperador, quedando los bizantinos reducidos a sus territorios del Asia Menor. De ese modo quedó desvirtuado el objetivo de los cruzados, que desoyeron la enérgica condenación del papa Inocencio III, y pusieron de manifiesto la gravitación que comenzaban a tener los intereses económicos.

En el curso del siglo XIII se organizaron cuatro cruzadas más. La quinta fue dirigida, en 1217, por el rey de Hungría y el caballero francés Juan de Brienne, y tuvo como principal objetivo el Egipto, ahora principal reducto de los musulmanes, pero no alcanzó ningún resultado favorable. Pocos años más tarde el emperador de Alemania Federico II organizó una nueva cruzada (1228), que tuvo que realizar sin el concurso de la Iglesia debido a sus conflictos con el papado. Esta vez los resultados fueron aún más sorprendentes que los de la cuarta cruzada, pues Federico entró en negociaciones con los musulmanes y obtuvo la posesión de Jerusalén con excepción del barrio donde está situada la mezquita de Omar, así como también de las ciudades que jalonaban la ruta desde la costa hasta la ciudad santa. Un inmenso movimiento comercial siguió a este pacto, que redundó en beneficio de las ciudades italianas, cuyas relaciones con los musulmanes se advirtieron en todos los aspectos.

Finalmente, el rey Luis IX de Francia organizó dos cruzadas. Una de ellas se realizó en 1248 y fue dirigida contra el Egipto, obteniendo al principio los cristianos algunas ventajas que se malograron más tarde. Otra cruzada —la octava y última de esas expediciones— fue lanzada en 1270, esta vez contra Túnez, debido a los interesados consejos del rey de Dos Sicilias, Carlos de Anjou, hermano de Luis IX de Francia, que deseaba recobrar la influencia que los Hohenstaufen habían tenido sobre esa región. Pero la expedición se malogró en parte por la muerte del rey de Francia.

Así terminó la serie de expediciones dirigidas por los cristianos de Occidente contra los infieles. Su realización llena un importante periodo de la historia de la Edad Media y sus consecuencias fueron numerosas en todos los órdenes. Puede decirse que se abre una nueva era después de ellas, pues las aspiraciones y los ideales de vida de la cristiandad occidental experimentaron una profunda transformación. El lujo, el amor a la vida y al goce terreno se relacionó con el desarrollo de las industrias y el comercio que se notó en las ciudades del Mediterráneo. De esto último se beneficiaron los reyes, ahora más poderosos cada vez, y los nobles feudales en cambio se perjudicaron por el desarrollo de la economía monetaria. Y en el campo de la cultura, los nuevos horizontes abiertos al espíritu occidental permitirían extenderse por terrenos antes vedados. Fueron, pues, las cruzadas el punto de partida de una importante y decisiva mutación, que abre paso a la llamada baja Edad Media.

III

LA BAJA EDAD MEDIA

1) La crisis del orden medieval

Las postrimerías del siglo XIII señalan a un tiempo mismo la culminación de un orden económico, social, político y espiritual, y los signos de una profunda crisis que debía romper ese equilibrio. Quizá sea exagerado ver en las cruzadas el motivo único de esa crisis, que sin duda puede reconocer otras causas; pero sin duda son las grandes transformaciones que entonces se produjeron en relación con ellas y en todos los órdenes las que precipitaron los acontecimientos.

No es difícil advertir la trascendencia que debía tener en el seno de la sociedad feudal la aparición de una nueva clase social dedicada a la producción manufacturera y al comercio, concentrada en ciudades y elaborando en el trajín cotidiano una concepción de la vida que difería fundamentalmente de la que representaba la antigua nobleza. Esa clase surgió como un desprendimiento del orden feudal, coexistió con él durante mucho tiempo y pareció desarrollar una actividad compatible con sus reglas de vida; pero en el fondo socavaba su base y en cierto momento precipitó la declinación de toda su estructura.

En efecto, la burguesía había comenzado a formarse con desprendimientos del colonato, cuyos miembros buscaban condiciones de vida más favorables en el comercio o en el libre ejercicio de sus oficios. Agrupados en las viejas ciudades o en otras nuevas que fueron surgiendo, los burgueses acumularon muy pronto recursos suficientes como para poder, algunos de ellos, organizar empresas de largo alcance. Vastos talleres producían diversos artículos en cantidades suficientes como para exportar, y sólidos mercaderes podían dedicarse a la importación de toda clase de objetos, sobre todo de lujo, para satisfacer nuevas exigencias que iban apareciendo en las clases acomodadas, tanto señoriales como burguesas. El desarrollo económico fue de tal importancia que hubo un activo comercio de dinero sobre la base de instituciones bancarias con ramificaciones en diversas ciudades europeas, muchas de las cuales eran prósperas a fines del siglo XIII.

La aparición de sólidas riquezas muebles debía traer consigo una disminución del valor económico —y luego social— de la riqueza inmueble, que constituía el patrimonio fundamental de las clases privilegiadas. Por esa causa comenzó a insinuarse poco a poco un conflicto entre la nobleza y la naciente burguesía que, si al principio pareció insignificante, cobró luego notables proporciones debido al decidido apoyo que la monarquía prestó a los burgueses. La nueva clase que se constituía creaba al nacer una nueva y vigorosa estructura económica que no podía dejar de provocar toda suerte de trastornos en el orden vigente. Si la nobleza vio menguar sus posibilidades muy lentamente, la burguesía misma sufrió en sus primeras etapas numerosas convulsiones que, por extensión, alcanzaban a todo el conjunto social. Ante todo, la deserción de los trabajadores rurales, atraídos por las ciudades, debía causar serios trastornos en la producción, de los que resultaron terribles periodos de escasez. También los había habido antes, ciertamente, pero fueron más fácilmente remediables pues la autonomía económica de las diversas áreas podía localizar sus consecuencias y proveer los medios de remediarlos con sus propios recursos. Ahora, en cambio, con las nuevas y numerosas concentraciones urbanas, el problema se agravaba, pues se sumaban al peligro de la escasez las múltiples deficiencias técnicas en el transporte y la distribución. Lo mismo ocurrió con las epidemias, provocadas seguramente por la insalubridad de las ciudades superpobladas, por lo menos en relación con la exigüidad de las comodidades.

Estas repercusiones de la profunda transformación económica que se operaba no fueron, sin embargo, las únicas. En el aspecto social, y fuera de los rozamientos producidos entre la nobleza y la burguesía, se manifestaron otros fenómenos de no menor gravedad. Porque, en efecto, la naciente burguesía se constituía como resultado de un proceso múltiple y variadísimo, y presentaba como conjunto una extraordinaria heterogeneidad. Muy pronto se esbozaron en ella grupos diferenciados, que provenían de la rápida concentración de las fortunas en algunos y de la situación de inferioridad en que, frente a ellos, quedaban los de fortunas medianas y pequeñas. Siguieron a esta progresiva diferenciación numerosos conflictos sociales y políticos, que interfirieron las relaciones de la burguesía con los señores feudales y los reyes, pues cada uno procuró aprovechar esos conflictos buscando apoyo en uno u otro bando de los que contendían. Sólo al cabo de mucho tiempo la burguesía llegó a definirse como un grupo social compacto, dejando por debajo de ella a los trabajadores asalariados y enfrentándose abiertamente con la nobleza en la lucha por el predominio económico primero y el predominio político después. Puede decirse que, en cierto sentido, la monarquía fue cediendo cada vez más —a medida que se hizo más centralista— a la presión de la burguesía para transformarse en su protectora primero y en su representante después.

Porque la crisis económico-social entrañaba, naturalmente, una crisis política que se hizo visible desde el primer momento. Si la monarquía feudal parecía compatible con cierto orden de cosas, la aparición de nuevos elementos sociales y económicos desató en la corona la aspiración al centralismo y permitió entrever la posibilidad de alcanzarlo mediante una transformación de su base de sustentación. Hasta entonces, los reyes no eran, en general, sino señores feudales con algunas prerrogativas formales y la autoridad de hecho que les confería su fuerza personal como señores. Tanto para la política interior como para la exterior, dependían de la buena voluntad de sus vasallos, de su apoyo militar y de su asentamiento. Si se trataba de la política interior, la defensa mancomunada de sus privilegios unía a la nobleza contra la corona, de modo que la autoridad real apenas se ejercía sino a favor del aprovechamiento de rivalidades y querellas sabiamente explotadas; y si se trataba de política exterior, los vínculos feudales solían constituir un obstáculo insalvable para realizar acciones decididas. Esa falta de libertad de acción movió a la monarquía a aceptar el concurso de la naciente burguesía como un instrumento útil en su duelo con la nobleza.

La naciente burguesía, en efecto, tenía a la nobleza como un enemigo natural. En las ciudades, el conde o el obispo en cuya jurisdicción se levantaba solía imponer tales trabas al desarrollo de la actividad económica que mataba toda posibilidad de desarrollo; y en la medida en que éste se producía, los rendimientos que los burgueses obtenían se veían disminuidos por la torpe política de los señores que no atendían sino a su provecho inmediato, sobre todo porque se negaban a facilitar una expansión y un intercambio que, excediendo los límites del señorío, comprometían su autoridad. De allí provino la hostilidad entre la naciente burguesía y la nobleza que la expoliaba, ahogando sus previsibles posibilidades. La monarquía, en cambio, entreveía la posibilidad de transformar su situación si apoyaba a esa nueva clase social y económica. Podía, ante todo, fomentar la discordia en el seno de los señoríos; podía luego amparar a los burgueses y crear situaciones de hecho que no harían sino beneficiarla; y podía, finalmente, contar con el auxilio económico y militar de las ciudades tanto en su duelo contra la nobleza como en aquellas empresas exteriores para las cuales dependía exclusivamente hasta entonces del apoyo de sus vasallos. Así se vieron aparecer las cartas y fueros concedidos a las ciudades, asegurándoles cierta libertad que permitiría su desarrollo económico, la organización de un régimen de impuestos pagados a la corona, de los que se nutriría ahora el tesoro real, y la formación de ejércitos mercenarios, que permitiría a los reyes prescindir del concurso militar de sus vasallos. Todos los elementos para la organización de un poder centralizado le eran proporcionados, pues, por esta nueva clase social a los reyes ansiosos por sustraerse a la dependencia en que se hallaban.

Así se comenzaron a insinuar las monarquías nacionales en los albores de la baja Edad Media. Como antes los feudos, los reinos aspiraban a ser ámbitos cerrados tanto en lo económico como en lo político, en los que la soberanía residía de modo incontestable en el rey. Si la aparición de la naciente burguesía permitía a los reyes someter poco a poco a la nobleza, la crisis en que se precipitaba la Iglesia habría de permitirles sacudir la autoridad que, desde fuera, pretendía ejercer el papado. Las numerosas herejías, el descrédito del clero y un despertar lento y firme de cierta concepción naturalística de la vida comprometían la vigorosa posición que la Iglesia había obtenido hasta entonces. El pontificado de Bonifacio VIII (1294-1303) señala al mismo tiempo una culminación y una crisis. Llegado al punto más alto de sus aspiraciones, inmiscuido en los conflictos políticos de la época, el pontificado arremetió contra Felipe el Hermoso de Francia, acaso el más decidido de los reyes, el más consciente de la transformación que se operaba en el orden político. Bonifacio VIII sucumbió, y con él la política que representaba. Poco después la Iglesia caía en un profundo y terrible cisma, y desaparecía como potencia superpuesta por sobre los ámbitos nacionales configurados por las robustecidas monarquías.

2) Francia e Inglaterra durante la guerra de Cien Años

Después del tratado de París (1258), Francia e Inglaterra entraron en una era de organización interior que debía conducir a ambos estados a una situación de estabilidad. En Inglaterra, el reinado de Eduardo I (1272-1307) se caracterizó por la prudencia y habilidad con que el monarca aceptó las consecuencias de la insurrección de los señores, manteniendo y organizando la institución parlamentaria. Si su sucesor, Eduardo II (1307-1327), pretendió desprenderse del control de la nobleza, la fuerza de las armas le mostró que sus pretensiones eran ya inalcanzables y su propio hijo, Eduardo III (1327-1377), aceptó su disposición y se propuso trabajar por el afianzamiento del nuevo orden de cosas. A él se debió la división del parlamento en dos cámaras —de los lores y de los comunes— y su definitivo fortalecimiento. Entretanto, la vida económica había tomado un considerable desarrollo y el comercio de lanas, así como la naciente industria textil, creaban una riqueza sólida en el reino. Esa actividad, precisamente, llevaba a Inglaterra a una zona en la que entraba en peligroso contacto con Francia, la antigua rival.

En efecto, los principales mercados de las lanas inglesas eran por entonces las ciudades flamencas, que si por esa causa mantenían una estrecha relación con el reino trasmarino, estaban unidas, en cambio, por razones políticas con el reino de Francia. Ricas y organizadas sobre la base de una burguesía cada vez más poderosa, las ciudades flamencas caían dentro del área de influencia con que soñaban los reyes franceses, preocupados sobre todo desde la época de Felipe Augusto por organizar un régimen centralizado. En buena parte lo iban consiguiendo, y Felipe el Hermoso (1285-1314) apresuró el proceso por todos los medios. Entre ellos, estaba en sus planes obtener el mayor provecho posible de las ricas ciudades manufactureras y comerciales de Flandes; pero no tuvo mucho éxito y cayó vencido en Courtrai en 1302.

Pero en otros aspectos fue verdaderamente afortunado. Se propuso aprovechar la tradición jurídica romana para reordenar su autoridad sobre principios absolutos y contó con la eficaz colaboración de jurisconsultos salidos generalmente de las filas de la burguesía para fundamentar su política. Guiado por ellos, se opuso enérgicamente a las pretensiones del papa Bonifacio VIII, que pretendía designar a los obispos sin intervención real, y desencadenó un conflicto que adquirió oscuros caracteres. El papa excomulgó al rey y éste organizó un acto de fuerza que terminó en un verdadero atentado contra el papa, perpetrado en su residencia de Anagni. Las consecuencias fueron altamente favorables para el rey de Francia, porque poco después lograba que se eligiera pontífice a un obispo francés que trasladó la sede pontifical a la ciudad de Avignon, sobre el Ródano (1307).

El siglo XIII es, pues, un periodo de organización de los reinos de Francia e Inglaterra, de estabilización, aunque presenta caracteres opuestos en ambos casos. Inglaterra marchó desde un régimen monárquico bastante centralizado —impuesto tras la conquista normanda— hacia una monarquía limitada por un parlamento que representaba a la nobleza y a la burguesía. Francia, en cambio, marchó desde una monarquía feudal hacia un régimen cada vez más centralizado, gracias a la coalición de la corona y los burgueses. Pero tan eficaces como fueran los esfuerzos de los diversos grupos por alcanzar el predominio al comenzar el siglo XIV el sistema era en ambos estados bastante equilibrado, pues ninguno de los bandos había logrado todavía un triunfo decisivo. Estos dos estados fueron los que se lanzaron en la primera mitad del siglo XIV a una larga guerra que debía contribuir a modificar sensiblemente su fisonomía.

A pesar del tratado de París, las relaciones entre Francia e Inglaterra nunca llegaron a ser definitivamente cordiales. La posesión de la Guyena ponía al rey de Inglaterra en condición de vasallo del rey de Francia, y, lo que era más importante, ambos países tenían intereses encontrados en Flandes. Con todo, ninguna de estas circunstancias era suficientemente poderosa como para desencadenar un conflicto, y hubo intentos de anudar las relaciones más estrechamente, como el que regló la situación de Flandes y estipuló el matrimonio de Eduardo II de Inglaterra con Isabel, hija de Felipe el Hermoso. Pero Francia parecía llevar ventaja en la solución política del problema de Flandes, y en 1320 obtuvo importantes concesiones complementadas con la inclusión del conde de Flandes, Luis de Nevers, en la familia real. De ese modo se debilitaba la posición inglesa, pero aun así la guerra no parecía necesaria.

El conflicto estalló en 1337. Desde 1314 —año de la muerte de Felipe el Hermoso— se habían sucedido en el trono de Francia sus tres hijos sin dejar herederos directos, de modo que en 1328, al morir el tercero, se planteó el problema de la sucesión. Aunque el rey de Inglaterra, Eduardo III, alegó los derechos que le correspondían como nieto directo de Felipe el Hermoso, el hecho de que lo fuera por línea materna —unido a los peligros que comportaba su elección— lo descartó de la sucesión de acuerdo con los principios de la ley sálica. La elección recayó entonces en Felipe de Valois, sobrino de Felipe el Hermoso, que reinó con el nombre de Felipe VI y cuya autoridad fue reconocida por el propio Eduardo, que le prestó juramento de vasallaje en su calidad de señor de la Guyena. Pero las cosas cambiaron con el tiempo. Felipe VI había obtenido nuevas ventajas para Francia en Flandes gracias a la victoria de Cassel (1328), y apoyó luego a David Bruce, rey de Escocia y enemigo declarado de Eduardo. Desde entonces comenzaron las intrigas y los juegos diplomáticos para hallar cada uno adversarios para su rival, y finalmente Eduardo III se presentó en 1337 reclamando la corona de Francia en virtud de lo que creía su mejor derecho. La guerra que debía durar más de cien años comenzó antonces.

Algunas acciones en Flandes y en el mar del Norte,

así como también en las fronteras de Guyena, abrieron las hostilidades. Los ingleses lograron asegurarse el dominio del mar, y en 1346 pudieron desembarcar en Normandía un poderoso ejército que les permitió derrotar a Felipe en la batalla de Crecy. Al año siguiente se apoderaron del puerto de Calais, y adquirían de ese modo una sólida base de operaciones. Pero no pudieron obtener ventajas inmediatas, pues una terrible epidemia estalló entonces que obligó a la concertación de una tregua entre los beligerantes que se prolongó hasta 1356.

Para esa época Juan el Bueno había sucedido a Felipe VI en el trono de Francia. El rey de Inglaterra y su hijo —el Príncipe Negro— reiniciaron las operaciones y lo derrotaron en la batalla de Poitiers (1356), tomándolo prisionero. Las consecuencias de esa acción fueron profundas para Francia. La intensa inquietud que dormía en el reino estalló de pronto y la situación social adquirió un intenso dramatismo debido a la insurrección de la burguesía y de los campesinos. En París, los burgueses adquirieron la convicción de que el fracaso militar debíase a la incapacidad de la nobleza, a la que perdieron el antiguo y tradicional respeto. Encabezados por el presidente de los corregidores de París, Esteban Marcel, comenzaron a exigir que se les permitiera controlar el uso del dinero que se les exigía en forma de impuestos, y sostuvieron la necesidad de que se les diera participación en el gobierno. Entretanto, las bandas armadas que habían combatido en Poitiers y que no tenían ahora ocupación asolaban los campos y provocaron la indignación y el odio de los campesinos, que se lanzaron al asalto de los castillos y a la destrucción de los campos sembrados. Los *jacques*, como se les llamó, cometieron toda suerte de crueldades contra la nobleza despavorida, pero carecían de organización y de ideas claras acerca de sus propios deseos, de modo que, poco a poco, fueron reducidos y castigados con más crueldad aún que la demostrada por ellos. La nobleza, deseosa de introducir nuevamente el orden en el reino, trabajó para que se pactara con los ingleses, y en 1360 se firmó la paz de Bretigny, en la que se estipulaba el retorno del rey y la compensación de los ingleses en dinero y territorios.

Pero a la muerte de Juan II subió al trono su hijo Carlos V (1364-1380), cuyos tenaces esfuerzos por restaurar la autoridad real dieron pronto sus frutos. Restableció el orden interno sometiendo a las clases no privilegiadas y eliminó el peligro de los mercenarios desenfrenados enviándolos a combatir —mandados por Bertrand du Guesclin— al lado de Enrique de Trastamara contra su hermano Pedro I de Castilla. Poco después, consideró que estaba en condiciones de reanudar la ofensiva contra los ocupantes de sus territorios, y comenzó las operaciones. Du Guesclin realizó una intensa y hábil guerrilla contra los ingleses y al cabo de algunos años —hacia 1378— los invasores habían quedado reducidos al puerto de Calais. Así terminó el primer periodo de la guerra de Cien Años, que los ingleses interrumpieron debido a los conflictos dinásticos que se produjeron en su país.

Inglaterra había perdido posiciones en Flandes y pactó en 1388 una tregua con Francia, que renovó en 1396 por veinte años más. Estos desastres significaron la culminación del torpe reinado de Ricardo II, que había sucedido a Eduardo III en 1377, siendo todavía un niño. El nuevo rey debió hacer frente, en 1381, a una grave insurrección campesina de caracteres semejantes a la *jacquerie* francesa, de la cual la nobleza había salido robustecida. Empero Ricardo II quiso liberarse del yugo del parlamento y cometió gravísimos errores políticos que lo desprestigiaron de tal modo que la nobleza se levantó contra él, encabezada por Enrique de Lancaster. Los hechos se precipitaron. Falto de todo apoyo, Ricardo II fue depuesto por el parlamento en 1399 y la corona fue confiada al jefe de los insurrectos, que la asumió con el nombre de Enrique IV (1399-1413). La política del nuevo rey fue enérgica y hábil al mismo tiempo, porque supo restablecer la base de sustentación que la corona necesitaba para sus empresas exteriores. Pero los conflictos suscitados por Escocia y el país de Gales le impidieron reanudar las operaciones contra Francia, que estaban reservadas a su hijo, Enrique V, que llegó al trono en 1413.

La ocasión era entonces favorable. Carlos VI, que había sucedido a su padre en 1380 como rey de Francia, era un demente sometido a las influencias de su corte, en la que adquirían cada vez mayor prestigio los duques de Borgoña. El primero, Felipe el Atrevido, había comenzado a extender sus aspiraciones hacia Flandes impulsado por los reyes de Francia, y el segundo, Juan sin Miedo (1404-1419), continuó esa política pero con marcado sentido de autonomía. Si la política real era floja por la incapacidad del rey, no faltó algún poderoso señor que comprendiera la gravedad del giro que Juan sin Miedo imprimía a su acción, y pretendiera contenerla. El duque de Orleáns, que ejercía el poder durante una etapa de la locura del rey, asumió la responsabilidad de poner freno a las ambiciones de Juan sin Miedo, pero el duque de Borgoña aceptó el reto y lo hizo asesinar en 1407. Se abrió entonces una era de luchas civiles. El borgoñón apoyó a la burguesía urbana que, como en tiempos de Esteban Marcel, aspiraba a una transformación del reino siguiendo el ejemplo de los tejedores ganteses, y la sostuvo en los estados generales de 1413. Sólo una parte de la nobleza, encabezada por el conde de Armagnac, defendía al rey y a los intereses de la corona cuando en 1415 decidió Enrique V de Inglaterra reiniciar las operaciones contra Francia.

Enrique V desembarcó en Francia y derrotó a las tropas de Carlos VI en Azincourt (1415), apropiándose de la Normandía. Las exigencias del vencedor fueron tan exageradas que el propio Juan sin Miedo, hasta entonces neutral pero secretamente simpatizante del rey inglés, se opuso a sus pretensiones e inició un acercamiento al rey. Pero era tarde; los viejos odios se sobrepusieron a las conveniencias políticas, y Juan sin Miedo fue asesinado a su vez en el puente de Montereau (1419), en un episodio de incalculables consecuencias.

Borgoña, rica y poderosa, dueña ya de Flandes y los Países Bajos, rompió abiertamente con la corona francesa y formalizó su alianza con Enrique V de Inglaterra. El duque, Felipe el Bueno (1419-1467), hostilizó los territorios franceses sometidos al rey y sus partidarios persiguieron enérgicamente a los armagnacs, como se llamaba a quienes seguían al delfín. Unidos sus esfuerzos a los de las tropas inglesas, el territorio de la corona mermaba peligrosamente, y la tesis de la doble monarquía parecía ganar terreno. Y en efecto, en 1420 se firmó el tratado de Troyes por el que se consagraba la futura unión de los dos reinos. Para ello se desheredaba al delfín Carlos —sostenido por los armagnacs— y se daba a Enrique V en matrimonio a la hija de Carlos VI, a fin de que el descendiente de ambos pudiera asumir la doble corona.

Pero las cosas se complicaron poco después. En 1422 murieron ambos reyes y el pequeño Enrique nacido del matrimonio del rey inglés con la princesa francesa fue coronado rey de los dos países cuando sólo tenía un año de edad. Bajo la regencia del duque de Bedfort, tuvo que soportar los ataques de quienes habían reconocido al delfín con el nombre de Carlos VII, cuyas acciones, aunque lánguidas al principio, adquirieron luego un considerable ímpetu.

Esa transformación fue, en buena medida, resultado de la ardiente fe de Juana de Arco, una joven pastora de Domremy, que comunicó su entusiasmo a los señores y soldados que defendían al nuevo rey. Consiguió levantar el sitio de Orleáns e hizo posible la coronación de Carlos VII en Reims, pero sobre todo inflamó de entusiasmo a algunos de sus conmilitones, hasta el punto de suscitar las envidias de otros. Al cabo de poco tiempo cayó prisionera de los borgoñones, que la entregaron a los ingleses para que la juzgaran y la condenaran a muerte (1432). Pero una vez muerta, su recuerdo obró más eficazmente aún que su misma presencia y sus partidarios mejoraron palmo a palmo la posición del delfín.

También contribuyó a este resultado la situación inglesa, pues el duque de Bedfort, regente de Enrique VI en Francia, chocaba con el duque de Gloucester, regente en Inglaterra, y se encontraba paralizado. Poco a poco los borgoñones empezaron a alejarse de sus aliados, y en 1435 firmaron con Carlos VII el tratado de Arras, por el que lo reconocían como rey y se comprometían a luchar contra los ingleses. Carlos VII entró en París, y en el periodo comprendido entre 1449 y 1453 los franceses desalojaron a los invasores de casi todo el territorio conquistado, excepto el puerto de Calais.

Ambos estados salían de la larga contienda exhaustos y empobrecidos. Sólo el ducado de Borgoña había logrado ventajas importantes, situándose como un estado dentro de Francia y con manifiestas aspiraciones a una autonomía, incompatible, por cierto, con la vigorosa idea de unidad nacional que empezaba a predominar. Igualmente, en Inglaterra las luchas tradicionales de la nobleza contra la monarquía entrarían ahora en una nueva era de desarrollo, estimuladas por las luchas dinásticas. La segunda mitad del siglo xv sería decisiva para su destino.

3) La Europa al margen de la guerra de Cien Años

Fuera del área de Francia e Inglaterra, la historia de la Europa occidental tiene en alguna otra parte la marca del largo conflicto que había envuelto a las dos naciones. Castilla, en efecto, lindera con Francia, entró en la guerra a su lado y definió su política de acuerdo con esa alianza.

El reino castellano había tenido como principal preocupación la lucha contra los moros del Sur. En el siglo XIII, las campañas de Fernando III habían tenido como resultado la localización de los musulmanes en el reino de Granada, y desde entonces parecían no representar ya un grave peligro, pues la eventual ayuda que pudieran recibir de África era poco probable. Acaso por esa circunstancia, y por otras de carácter interno, la reconquista se detuvo en las postrimerías del siglo XIII y la atención se desplazó hacia algunos problemas interiores que adquirieron profunda gravedad.

A la muerte de Fernando III subió al poder Alfonso X el Sabio (1252-1284), cuyas preocupaciones por la cultura lo han ilustrado entre todos los reyes castellanos. Atento a las inquietudes y tendencias de su tiempo, se mostró decidido partidario de la reorganización del orden jurídico y político del reino de acuerdo con los principios del derecho romano, que por entonces volvía a gozar de gran prestigio entre ciertas minorías de origen burgués y vinculadas al poder real. Las *Partidas* constituyen el documento de esa tendencia del rey, contra la cual la nobleza debía adoptar una actitud de prevención, pues suponía el afán de asegurar la preeminencia del poder real.

Pero diversas circunstancias postergaron la vigencia de las *Partidas*. Una cláusula de ellas, sin embargo, debía aparejar serios conflictos, pues planteado el problema de la sucesión real, ofreció una solución que trajo consigo el alzamiento del príncipe don Sancho. Siguieron luego largas guerras que amargaron al rey sabio y ensangrentaron al reino, pero cuya consecuencia más notable fue el fortalecimiento de la nobleza, contra la cual el propio Sancho buscó el auxilio de las ciudades. Las guerras civiles, por diversas causas, reaparecieron durante el reinado de Fernando IV y la minoría de Alfonso XI. Y si la nobleza pudo ser dominada durante la época en que gobernó este rey, la energía con que continuó y acentuó su política su hijo y heredero Pedro I el Cruel condujo a una insurrección general de vastas proyecciones.

En efecto, agrupada alrededor del hermano bastardo del rey, el conde don Enrique de Trastamara, la nobleza se unió contra don Pedro, que se apoyaba visiblemente en las burguesías urbanas, en los ricos mercaderes, especialmente judíos, y en aquellos de la nobleza que se entregaban a su voluntad prescindiendo de sus intereses de clase. Enrique de Trastamara buscó y obtuvo el apoyo de Carlos V de Francia a cambio de la seguridad de la alianza castellana contra Inglaterra. Don Pedro, por su parte, buscó el apoyo inglés, y bien pronto la querella entre la monarquía y la nobleza entró a formar parte del grave conflicto internacional que por entonces se desarrollaba. Don Pedro contó con la ayuda del heredero de la corona inglesa —el famoso Príncipe Negro— y don Enrique recibió el auxilio de las tropas mercenarias que mandaba Bertrand du Guesclin. La contienda se decidió en Montiel, en 1369, y no tanto en la batalla misma como en el trágico episodio que le siguió, en el que don Enrique asesinó a su hermano. Desde entonces, la dinastía de los Trastamara gobernó el reino y se mantuvo fiel al principio de la alianza con Francia, manifestada sobre todo en el apoyo naval que la flota española prestó a la francesa de La Rochela en 1372.

Los descendientes de Enrique II (1369-1379) no proporcionaron al reino mayor gloria. La campaña contra los moros no volvió a adquirir por entonces la intensidad de antaño, y la guerra que Juan I (1379-1390) llevó contra Portugal terminó en la derrota que sufrieron sus huestes en Aljubarrota (1385). No menos infortunado fue su sucesor Enrique III (1390-1406), cuya minoridad facilitó la anarquía que desencadenaron los nobles durante su reinado. Esa situación hubiérase perpetuado durante la época de Juan II (1406-1454), a no ser por la decidida acción de su privado y condestable don Álvaro de Luna, que combatió con energía contra las pretensiones de los señores, y aun los derrotó terriblemente en la batalla de Olmedo. Por su firme política, por sus convicciones, Luna es el más importante hombre de estado que aparece en Castilla durante esta época y en quien acaso se inspira la reina Isabel cuando, en la segunda mitad del siglo XV, afrontó la tarea de reorganizar el Estado.

Los otros reinos cristianos de la península ibérica —Portugal, Aragón y Navarra— habían tenido un desarrollo autónomo pero en permanente relación con Castilla. Aragón se había desentendido en el siglo XIII de la guerra contra los moros y habíase dedicado a extender su influencia por las regiones marítimas del Mediterráneo, con tanto éxito que ya en el siglo XIV podía considerársele como una de las grandes potencias en esa región, y en tal calidad se opuso a la influencia francesa sobre el sur de Italia. La lucha entre la casa de Anjou y los aragoneses terminó con la hegemonía de los últimos en Sicilia primero y en Nápoles después, lo cual, naturalmente, debía proporcionar a la burguesía numerosas ocasiones de enriquecimiento; por eso adquirieron las ciudades un papel tan importante en el reino aragonés. Portugal, por su parte, concluyó prontamente su misión de expulsar a los moros de su territorio y concibió el proyecto de extenderse hacia África para hostilizarlos por la retaguardia y, de paso, explotar las riquezas del territorio y, especialmente, el comercio de esclavos.

Al norte de los dos países comprometidos en la guerra de los Cien Años, el Santo Imperio Romanogermánico arrastraba su impotencia. Al morir Federico II en 1250, el papado había puesto trabas a su reorganización, y el largo interregno había estimulado la natural tendencia a la autonomía que demostraban las ciudades mercantiles y los antiguos y poderosos señoríos. Cuando en 1273 volvió a elegirse emperador, la elección recayó en Rodolfo de Habsburgo, a quien sus padres consideraban el más inofensivo de los señores. Su impotencia para reconstituir, siquiera, la autoridad de que gozaron un Enrique IV o un Barbarroja, resultó satisfactoria para los nobles, pero el imperio desapareció poco a poco como potencia en el conjunto europeo. Esa situación quedó consagrada en época del emperador Carlos IV, cuando se fijó, en el documento conocido con el nombre de Bula de Oro (1356), el régimen de elección de los emperadores. Siete electores recibían la misión de consagrarlos, y una dieta se reservaba la resolución de los más importantes asuntos. De ese modo, frente a los nacientes estados nacionales, el imperio aparecía como un conjunto de señoríos de organización anacrónica y de escasa gravitación europea.

Quienes se beneficiaron con esa situación fueron las ciudades mercantiles de Alemania, los Países Bajos, Flandes e Italia. Los gobiernos comunales adquirieron una considerable autonomía y orientaron su acción en un sentido favorable al acrecentamiento y expansión de sus actividades. Hubo en ellas numerosos conflictos sociales y políticos, pues los antiguos nobles procuraron arrebatar a los ricos mercaderes el control de las ciudades, y con frecuencia apoyaron la insurrección de los asalariados. Así ocurrió que la inquietud social pudo desembocar en un régimen de dictadura, efímero en algunas ciudades y duradero en otras. Si en Flandes cayeron los Artevelde bajo la presión de los reyes de Francia, que trataron de poner a Flandes dentro de su órbita, en Italia triunfaron los aventureros que se encaramaron al poder, apoyados en alguna de las facciones en lucha. El sistema de las señorías, con sus cortes ricas y poderosas, puso fin a las antiguas comunas nacidas por el esfuerzo de los burgueses sublevados contra la autoridad imperial; pero en el fondo perpetuó el predominio de la rica burguesía, sin la cual la riqueza y el poderío de las ciudades no era posible.

Entre todas las ciudades italianas, Florencia y Venecia eran, seguramente, las más poderosas y brillantes. El tráfico comercial con los puertos de Oriente y la distribución de los productos importados y los de sus propias manufacturas a través de una vasta red comercial hizo de Venecia una potencia formidable. Por su parte, Florencia brilló por sus industrias textiles —de la lana y la seda—, y su industria de los metales trabajados; pero sobre todo gracias a la extraordinaria organización del tráfico del dinero que alcanzaron sus banqueros. Los Bardi, los Spini, los Acciajuoli y más tarde los Médicis y tantos otros impusieron la hegemonia del florín sobre una vasta zona en la que los "lombardos" representaban una potencia internacional asentada sobre numerosas filiales bancarias. Más al sur estaba el reino de Dos Sicilias, escindido por algún tiempo y reunido luego otra vez por obra de los aragoneses, que se benefició notablemente con el comercio oriental. Separada del imperio, Italia adquiría una fisonomía singular y representaba una faceta típica de la vida de la baja Edad Media.

4) El Imperio bizantino y los turcos

En el este de Europa adquirieron poco a poco precisa fisonomía algunos Estados durante la baja Edad Media, en tanto que el Imperio bizantino marchaba aceleradamente hacia su caída. La parte norte de Rusia se había aglutinado alrededor de la ciudad de Novgorod, cuyo tráfico comercial, en relación con las ciudades de la Hansa germánica, le habían dado una notable importancia, pero luego la hegemonía pasó a Kiev, por donde llegaron las influencias bizantinas tanto en el aspecto económico como en el espiritual. Mientras tanto, los mongoles habían fundado en el sur la Horda de Oro y dominaban las vastas llanuras según su singular concepción de la vida, permeable también, sin embargo, a las influencias del Imperio bizantino.

El prestigio del viejo imperio residía sobre todo en su

cultura y en su influencia religiosa, pero no dejaba de ser importante la acción que su comercio ejercía sobre las regiones vecinas, pues sus ciudades eran la base de operaciones de fuertes potencias económicas, especialmente Venecia y Génova, que alternaban su predominio sobre la región. En cambio, desde el punto de vista político y militar del imperio su importancia era cada vez menor, pues se mostraba incapaz de contener a los poderosos adversarios que surgían ante él.

En 1261 Miguel Paleólogo consiguió expulsar definitivamente a los franceses y recobrar las zonas europeas del imperio. Pero sus fronteras estaban amenazadas por todas partes y aun en el seno le acechaban los mayores peligros. Si se pudo evitar el riesgo que significaban los Anjou de Sicilia, la amenaza de los turcos otomanos —que ahora dominaban el mundo musulmán— se irguió con caracteres cada vez más graves. Poco a poco los otomanos fueron apoderándose, a fines del siglo XIII, de las regiones asiáticas del imperio, y todo hacía suponer que la agresión no se detendría en el Helesponto, razón por la cual los emperadores de Constantinopla pidieron repetidas veces auxilio a las potencias occidentales.

Diversas circunstancias hacían ya muy difícil la intervención de esos países; pero un azar permitió que el imperio recibiera un importante auxilio. En efecto, algunos grupos de los que habían luchado en Sicilia a favor de los reyes aragoneses fueron estimulados para que pasaran a Constantinopla para ponerse a las órdenes del emperador. Los mandaba un aventurero llamado Roger de Flor, que había llegado a ser vicealmirante del rey Federico de Sicilia, y llegaron en número de 7 000 a Constantinopla en 1303. La acción de los expedicionarios contra los turcos fue brillante y tuvo como resultado la conquista del Asia Menor; pero el ejército mercenario tuvo graves conflictos con el imperio y se sucedieron los incidentes, uno de los cuales costó la vida a Roger de Flor; poco después los "almogávares" —como se les llamó— se apoderaron de los ducados de Atenas y Neopatria, donde permanecieron durante algún tiempo bajo la autoridad lejana de los reyes de Sicilia primero y de Aragón después.

Entretanto, los bizantinos habían visto levantarse dentro de su seno un nuevo y poderoso Estado: el reino servio, fundado por Esteban Duchan, que en 1330 había aniquilado al Imperio búlgaro y se había apoderado luego de importantes provincias bizantinas. El gobierno de Constantinopla, solicitado por múltiples peligros, no podía sino atender defectuosamente a todas sus fronteras, y entre ellas seguía siendo la más amenazada la del sur, golpeada incesantemente por los turcos otomanos, a quienes las derrotas sufridas a manos de los almogávares no habían hecho mucha mella. Las naves turcas saqueaban las costas bizantinas, y los conflictos dinásticos que siguieron a la muerte del emperador Andrónico (1341) permitieron no sólo que esos ataques prosiguieran sino también que se extendiera más y más el reino servio.

Al promediar el siglo XIV los turcos tomaron posesión de algunas bases en Europa, y el sultán Murad estableció su corte en Andrinópolis, desde donde pudo amenazar el corazón mismo del imperio al tiempo que destruía el reino servio en la batalla de Kossovo. Como el peligro otomano parecía cada vez mayor, los países occidentales y el papado empezaron a temer por su suerte; el rey de Hungría, Segismundo, se decidió a emprender una campaña, pero fue derrotado en Nicópolis (1396). Todo hacía suponer que la conquista del Imperio bizantino era ya inevitable.

Empero, una circunstancia inesperada salvó su existencia por algún tiempo. Los turcos otomanos que dominaban el mundo musulmán habían desplazado su centro de gravedad cada vez más hacia el Oeste sin advertir el peligro que amenazaba sus espaldas. En efecto, de las vastas regiones desérticas surgió con repentina violencia una nueva ola mongólica encabezada por el kan Timur —conocido en los países europeos con el nombre de Tamerlán—, que se lanzó sobre los territorios orientales del Imperio turco avasallando toda resistencia. El sultán Bayaceto, a quien se debía la formidable expansión de los turcos y la victoria de Nicópolis, acudió rápidamente al Asia Menor para oponerse a los invasores, con los que se encontró en Angora en julio de 1402. El cotejo de fuerzas les fue desfavorable y su ejército fue destruido, al tiempo que se derrumbaba toda su obra política y militar.

Desde entonces, el Imperio bizantino pudo rehacerse y considerarse tranquilo por algún tiempo. Los mongoles, aunque fracasaron como conquistadores, siguieron amenazando a los hijos del sultán Bayaceto —muerto en Angora—, que además se trabaron en una violenta lucha entre sí, de manera que los bizantinos pudieron pactar con ellos y arrastrar una situación de relativa tranquilidad exterior. Pero las dificultades interiores eran, en cambio, muy grandes. Las discordias políticas se entrecruzaron con los conflictos eclesiásticos, y todo ello acrecentó aún más la debilidad de la organización militar, frente a un enemigo virtual que sólo esperaba una ocasión favorable para reanudar su ataque contra Constantinopla. Cuando Mohamed II llegó al poder, sitió a Constantinopla con una fuerza poderosa, a la que Constantino XI Paleólogo sólo podía oponer una débil resistencia. La ciudad cayó en mayo de 1453 y los turcos asesinaron sin misericordia a la población. Poco después la iglesia de Santa Sofía fue consagrada como mezquita, y el mundo occidental se encontró con un poderoso imperio instalado en el extremo sureste de Europa.

5) Europa a fines del siglo xv

El Imperio otomano tenía caracteres singulares que hacían de él una potencia temible. A diferencia de los Estados occidentales de la época, estaba regido por un gobierno unipersonal y autocrático, y contaba con ilimitados recursos para la acción militar, de modo que todo hacía suponer que sus conquistas estaban apenas en los comienzos y que se extenderían hacia el Oeste. A pesar de esa incertidumbre, poco hicieron los Estados occidentales para evitarlo, pese a la iniciativa y los llamamientos del papado y de los países más comprometidos. Cuando llegó el momento, y Mohamed II se lanzó contra Belgrado, los húngaros encabezados por Juan Hunyadi consiguieron la primera victoria cristiana contra los turcos, a los que obligaron a levantar el asedio de la ciudad servia (1456). Pero fuera de esta actitud defensiva de quienes más de cerca sentían el peligro, como Hungría y Venecia, nada se hizo que se pareciera a las antiguas cruzadas, y Mohamed II pudo seguir haciendo incursiones peligrosas y afortunadas por las costas dálmatas e italianas y aun introduciéndose en las regiones alpinas. Mientras tanto, organizaba su vasto imperio, y aseguraba los tributos que debían pagar las poblaciones infieles sometidas a su yugo. Acaso hubiera podido avanzar más de lo que lo hizo; y es cierto también que su sucesor, Bayaceto II, no se preocupó de acelerar y acrecentar sus conquistas. Era necesario esperar a Selim I (1512-1521) para que se viera una reactivación del peligro turco.

Entretanto, los estados vecinos pasaban por una etapa de gran inquietud, pues los riesgos que corrían a causa de los turcos hacían de ellos una presa apetecible para otros rivales. Tal era el caso de Bohemia y Hungría especialmente, cuyas coronas ambicionaban los emperadores alemanes. Pese a su impotencia, a su escasa significación y a su abandono de los deberes que tenían frente a los invasores musulmanes, no cejaron en sus intrigas para que los Estados vecinos reconocieran su autoridad. Pero las circunstancias elevaron en esos países a hombres de recia personalidad —Juan Hunyadi y su hijo Matías Corvino en Hungría, Jorge Podiébrad en Bohemia—, y por algunos años tuvieron que postergar sus ambiciones; pero, entretanto, los Habsburgo recogían inesperadamente buena parte de los territorios de Borgoña, cuyo duque caía en Nancy en 1477.

En efecto, de la guerra de los Cien Años Francia había logrado salir airosa y en condiciones de reponerse en poco tiempo, pese a los prolongados esfuerzos a que se había visto sometida; pero la hostilidad de Borgoña, cada vez más poderosa y en situación de amenazarla gravemente, quedó como un desgraciado resultado del conflicto. Vigorizados en sus propios estados por la decidida y eficaz conducta que los había caracterizado, los duques de Borgoña habían podido luego extenderse hacia Flandes y los Países Bajos, donde las ricas y poderosas ciudades industriales y mercantiles podían ofrecerles innumerables recursos en hombres y en dinero. Podían, pues, rodear a Francia y conseguir de nuevo la ayuda inglesa, de modo de colocarla en cualquier momento en peligrosísima situación.

El sucesor de Carlos VII en el trono francés, Luis XI (1461-1483), advirtió el peligro y se resolvió a obrar directamente contra él. Borgoña no era ya un feudo cualquiera frente al cual pudiera pensarse en la posibilidad de llamar a cuentas a un vasallo más o menos díscolo; era un reino, quizá más poderoso ya que Francia misma, y que marchaba hacia su secesión completa en condiciones gravísimas para Francia. Luis XI consiguió anudar una delicada madeja de intereses diversos contra el duque de Borgoña, Carlos el Temerario, así llamado por su arrojo y su carácter impulsivo, que contrasta con la prudente astucia de Luis XI. La trama tuvo rápido efecto, y el duque sucumbió en una batalla en la que había sido abandonado por sus mercenarios, frente a Nancy, en 1477.

La herencia de los Estados de Carlos el Temerario dio lugar a vastas maniobras políticas cuyas consecuencias fueron inmensas en lo futuro. Si Luis XI consiguió apoderarse de algunos territorios que le interesaban de manera eminente desde el punto de vista de la unidad geográfica del reino, otros pasaron a la casa de Habsburgo debido al apresurado matrimonio de la hija de Carlos el Temerario, María de Borgoña, con Maximiliano de Austria. Los Países Bajos quedaron, desde entonces, sometidos a una influencia hostil a Francia, debido a la cual ejercerían un papel singular en la terrible lucha por la hegemonía que caracterizará a la Edad Moderna.

En esa lucha, Francia vería erguirse como peligroso y agresivo rival al vasto Imperio de los Habsburgo, que unirían a sus tradicionales territorios los adquiridos ahora por el matrimonio de María y Maximiliano y la corona de España. Inglaterra, en cambio, el tradicional enemigo de Francia, con la que se había medido en dos conflictos seculares, estaba por el momento apartada de la lucha y se desangraba en una terrible guerra civil. Más que Francia, Inglaterra salía debilitada de la guerra de los Cien Años, y salía sobre todo convulsionada por un terrible duelo entre la nobleza, escindida en dos grupos alrededor de las pretensiones rivales de las casas de Lancaster y de York —cada una de ellas caracterizada por el color, rojo o blanco, de la rosa que llevaba como distintivo.

Alegando su mejor derecho, su mayor proximidad a la línea de los Plantagenets, cada uno de los dos grupos se lanzó a la lucha, sosteniendo el de los Lancaster la corona adquirida y esperando el de los York conseguirla por la guerra. En 1461 triunfaron los York e impusieron en el trono a Eduardo IV; pero tras terribles y oscuros episodios llegó al trono su hermano Ricardo III, cuya crueldad concitó los odios hasta el punto de reavivar las simpatías de que habían gozado sus rivales. Uno de ellos, Enrique Tudor, preparó cuidadosamente en Francia un ejército de invasión, y en 1485 derrotó a Ricardo III en la batalla de Bosworth, proclamándose rey con el nombre de Enrique VII. Como Guillermo el Conquistador, reorganizó el país sin compromisos, pues buena parte de la nobleza tradicional había sucumbido en las sangrientas y prolongadas luchas civiles, y echó las bases de un régimen centralizado que sus sucesores —especialmente Enrique VIII e Isabel— llevarían hasta sus últimas consecuencias.

Así se constituían —en Francia y en Inglaterra— los nuevos estados nacionales en cuya organización desembocaba la política tradicional de la corona y de la burguesía durante los dos últimos siglos. Cosa semejante ocurriría en los reinos de Aragón y Castilla, regidos por los Reyes Católicos.

En Castilla, las luchas civiles que habían suscitado la enérgica política del condestable don Álvaro de Luna continuaron luego durante los tiempos del sucesor de Juan II, el rey Enrique IV, cuyo carácter irresoluto y cuya conducta pública y privada contribuyeron a acrecentar la altivez de los nobles. Empeñados algunos en que abandonara el poder, le obligaron a reconocer como heredero a su hermano Alfonso, a quien luego proclamaron rey despojando a Enrique (1465); pero la intriga no dio resultado, pues el rey se sobrepuso a los insurrectos y se mantuvo en el trono; en cambio, poco después consintió en despojar por segunda vez de la herencia a su hija Juana —a quien llamaban la Beltraneja por suponerla hija natural de Beltrán de la Cueva— y señaló como sucesora a su hermana Isabel que, al año siguiente (1469), contrajo matrimonio con el príncipe heredero de Aragón, Fernando.

Aunque la situación provocó muchas inquietudes, poco después los dos príncipes alcanzaron sus respectivas coronas y supieron hacer frente a las dificultades: Isabel la de Castilla en 1474 y Fernando la de Aragón en 1479. En Castilla prosiguió la guerra civil hasta 1479 entre los partidarios de Isabel y los de Juana, apoyados unos y otros en distintos aliados; pero la resolución de Isabel y Fernando, unidos y solidarios, constituyó una fuerza inquebrantable. En efecto, las experiencias recogidas por Fernando durante el tumultuoso reinado de su padre Juan II y por Isabel en la larga lucha en que se jugaba su corona, hicieron de los Reyes Católicos dos estadistas prudentes y tenaces en la consecución de sus fines. Se trataba, ante todo, de fijar una política solidaria para sus dos Estados y preparar de ese modo la unificación que se operaría en la persona del heredero.

Pero se trataba, además, de aniquilar las pretensiones de la nobleza, cuya insolencia parecía exceder ya todos los límites de la tolerancia. Diversas medidas condujeron hacia ese fin, en lo administrativo y judicial, y en lo político, pues los reyes se condujeron con gran habilidad asestando sus golpes cautelosamente para recoger los frutos de su política sin apremio. Entretanto, organizaron los Reyes Católicos una gran ofensiva contra el reino moro de Granada, que debía canalizar los ímpetus de la belicosa nobleza.

Hasta entonces, y desde los tiempos de Alfonso XI, las operaciones contra los moros, aunque no se habían interrumpido, se habían limitado a correrías de escasa trascendencia. Hacia 1481, los Reyes Católicos empezaron las operaciones en gran escala contra el reino moro, cuya suerte empezaría a declinar debido a la división suscitada entre el sultán Hassán y su hijo Boabdil. Lentamente, los castellanos redujeron a la impotencia a los musulmanes, que capitularon finalmente a fines de 1491. Tras un triunfo de tal magnitud, la obra de consolidación interior y el reforzamiento de la autoridad real que habían logrado los reyes quedaban asegurados.

La influencia de Aragón en el Mediterráneo debía verse también robustecida con esos triunfos. La dinastía había dado al reino de las Dos Sicilias figuras ilustres, especialmente Alfonso V el Magnánimo, y habíase escindido en dos ramas. Pero Fernando de Aragón aspiró con éxito a reunir en sus manos no sólo lo que había heredado legítimamente sino también las Dos Sicilias. La conquista, apoyada por Francia, acrecentó la importancia de Aragón en Italia y en el conjunto europeo. Esta situación repercutió sobre Castilla y luego sobre España, a partir de la época de la infanta Juana y Felipe el Hermoso, desde la cual los dos reinos no volverían ya a separarse.

Segunda Parte

PANORAMA DE LA CULTURA MEDIEVAL

I

LA TEMPRANA EDAD MEDIA

La temprana Edad Media es el periodo que transcurre entre la época de las invasiones y la disolución del Imperio carolingio. Si esta división puede parecer categórica en el plano político, debido al hecho decisivo de la ocupación del territorio romano por los distintos pueblos germánicos, es imprescindible, para entender el desarrollo de la cultura medieval, tener en cuenta que no pueden establecerse cesuras demasiado categóricas en este otro plano, en el que la continuidad es manifiesta y en el que los hechos políticos no influyen sino a largo plazo.

1) Los caracteres de la realidad

Desde el punto de vista de su fisonomía cultural, la temprana Edad Media no podría comprenderse si no se considerara el proceso de transformación que se opera en el Imperio romano a partir de la crisis del siglo III. Esa crisis abarca todos los aspectos de la vida y se advierte en su estructura económica, en su régimen social, en su organización política y en los distintos aspectos de su actitud espiritual. A partir de entonces comienza lo que se llama el bajo Imperio, a través de cuya fisonomía se trasmite a la temprana Edad Media el legado romano.

Durante los dos primeros siglos del imperio, el espíritu de la romanidad se mantuvo definido y enérgico dentro de los marcos que le imponían la tradición republicana y la precisa orientación política y espiritual diseñada por Augusto, en oposición a las tendencias que representaban Julio César y Marco Antonio entre otros. Fue ésa la época del *principado*, y sería fácil señalar sus más claros testimonios: el *Monumento de Ancira*, o testamento político de Augusto, el *Edicto perpetuo*, la *Eneida*, el *Ara de la paz*, las *Historias* y los *Anales* de

Tácito, el *Canto secular* de Horacio, el *Coliseo*, los *Pensamientos* de Marco Aurelio. Hay entre este último y Augusto una línea continua de inspiración que, aun quebrada e interrumpida muchas veces, revela su vigor y su prestancia.

Pero la catástrofe del siglo III, tan grave por sí misma, fue grave además porque suscitó el despertar de numerosos gérmenes que, en el seno mismo de la comunidad imperial, conspiraban contra el espíritu augustal y correspondían a influencias dominadas pero no destruidas. Poco a poco, la inspiración típicamente occidental que Augusto veía encarnarse en las tradiciones itálicas, y cuya defensa vibra en los versos de Horacio, de Virgilio, de Juvenal y de Persio, comenzó a declinar frente a la creciente gravitación de las regiones orientales del imperio, más allá de cuyas fronteras los sasánidas habían iluminado con nueva luz el viejo Imperio persa.

Diocleciano es un hito fundamental en la historia romana y en la historia de la cultura occidental. Si logró consolidar la tambaleante estructura del imperio, acometido por los enemigos de fuera y debilitado por los enemigos de dentro, fue sólo a costa de suprimir casi todos los vestigios del orden tradicional del *principado* y mediante la erección de uno nuevo, que ha sido llamado, justamente, el *dominado*, porque el antiguo *princeps*, primer ciudadano entre sus pares, se reemplazaba en él por el *dominus*, el señor, frente al cual los ciudadanos descendían a la calidad de súbditos, como en los imperios orientales.

Por su vigorosa reorganización del Estado —ahora montado sobre una vigilante y compleja burocracia que aseguraba su intervención en todos los aspectos de la vida de la comunidad—, Diocleciano constituye el punto de partida de una nueva era, en la que las tradiciones de la romanidad comienzan a hibridarse aceleradamente al contacto con las tendencias de origen oriental. Eran éstas las que prevalecían en las provincias orientales del imperio, como legado de antiguas civilizaciones, y eran también las que llegaban del Imperio persa, rejuvenecido y vitalizado por la acción de los autócratas de la dinastía sasánida. Lo que ellos hacían, pareció lícito hacerlo también en el Imperio romano; y así se desplazó su centro desde Italia hacia el Asia Menor, frente a cuyas costas erigió Constantino, poco después, la nueva Roma que bautizó con su propio nombre: Constantinopla.

Si en algo se había mantenido Diocleciano fiel a las tradiciones antiguas había sido, sobre todo, en cuanto se refería a las creencias tradicionales. Luchando por la unidad a todo trance, aspiraba a suprimir los numerosos cultos que habían llegado desde el Oriente al ámbito imperial y habían hallado allí amplia acogida, entre los cuales era ya por entonces el cristianismo uno de los más difundidos. Diocleciano lo persiguió con ensañamiento, pero bien pronto pudo comprobarse que esa hostilidad oficial no hacía sino tonificarlo, y fue Constantino quien imaginó, con extremada agudeza, invertir la política de su antecesor y propugnar una unificación espiritual basada no en la vieja religión, que parecía no decir ya nada a los espíritus, sino en esta otra que apelaba a los sentimientos y, sobre todo, contaba con una vasta y vigorosa organización eclesiástica capaz de convertirse en eficaz apoyo del poder imperial. Así se completó la obra de Diocleciano, en cuanto significaba una renovación de los principios de la comunidad romana, perfeccionada luego por los emperadores que siguieron a Constantino, y especialmente por Teodosio, que transformó al cristianismo en religión oficial del Estado.

A esta orientalización del imperio, que correspondía al desplazamiento de su centro de gravedad hacia el Este, siguió un fenómeno de no menor significación y trascendencia: la localización en el Oeste de los pueblos germánicos que cruzaron en masa las fronteras del Rin y del Danubio en los primeros años del siglo v. Menos profunda que la del Oriente, la influencia de los germanos fue, en cambio, más avasalladora y violenta. Destruyó el orden político tradicional y operó por intermedio de minorías conquistadoras que imponían su ley desde el día de la conquista con la omnipotencia de sus armas, de modo que, en apariencia al menos, marcó con su sello aquellas regiones donde sus portadores se establecieron. Las consecuencias de este hecho fueron numerosas, pero una entre todas es necesario destacar: la separación entre el occidente y el oriente del imperio, ya insinuada desde la época de Diocleciano, que fue, en lo futuro, separación entre la Europa occidental y la Europa oriental.

Cuando en 476 fue despojado del poder Rómulo Augústulo sin que nadie pensara en elegirle sucesor, el Imperio de Occidente desapareció definitivamente como unidad política, y sólo quedaron en el escenario histórico el conjunto de los reinos surgidos de la conquista, conocidos con la designación de reinos romanogermánicos, para aludir a su doble naturaleza. El hecho más visible fue el traspaso del poder político de las manos de las minorías romanas a las manos de las minorías germánicas, traspaso que, por lo demás, venía operándose ya desde antes. Pero tras ese hecho comenzaron a producirse otros homólogos de no menor significación, aunque menos visibles, y cuyo resultado habría de ser el traspaso bajo control germánico de las estructuras economicosociales y la transformación —barbarización, dirán algunos— de la vida espiritual.

Una vez en ejercicio del poder político, los germanos usaron de él para atribuirse la tierra, dentro de ciertas normas que correspondían a las que antaño habían usado los romanos en los territorios conquistados. El tercio de la tierra, pues, pasó a manos de los conquistadores de pleno derecho, y el resto estuvo a merced de un poder que durante mucho tiempo no tuvo por qué fijarse límites. Esto significaba que la minoría guerrera, dueña ya del poder político, se transformaba rápidamente en una aristocracia rural. De esta circunstancia, por cierto, habría de provenir su debilitamiento ulterior, pues, dispersados, los invasores perdieron fuerza debido a lo exiguo de su número. Pero, entretanto, reemplazaron y absorbieron a los antiguos terratenientes como detentadores de la riqueza, pues ya por entonces, y cada vez más desde la época de Diocleciano, la economía tendía a ser predominantemente rural.

Esta situación tuvo como consecuencia un curioso proceso social. La nueva minoría, dueña del poder y la riqueza, coexistió con la antigua, llena de prestigio, poseedora de la experiencia política y depositaria de la tradición cultural de Roma que tanto admiraban los conquistadores. Esa coexistencia produjo al principio demarcación entre los campos de una y otra, pues la antigua minoría romana halló cabida en los cuadros administrativos y judiciales de los nuevos reinos, y tuvo, sobre todo, tendencia a ingresar en la Iglesia, donde podía defender con más eficacia el tipo de vida a que aspiraba. Desde esos reductos operó sobre la minoría militar y política de origen germánico y poco a poco logró sobre ella cierto ascendiente, a veces muy pronunciado, como en el reino visigodo, por ejemplo.

Desde el punto de vista de la cultura, los reinos romanogermánicos sufrían un constante cotejo con el Imperio bizantino, heredero directo de Roma, con cuya tradición parecían mantenerse ligados pese a las transformaciones paulatinas que se habían operado debido a la restauración de las influencias griegas y orientales. Allí parecía perpetuarse la verdadera civilización, y desde allí llegaban influencias que seducían y al mismo tiempo preocupaban a las minorías gobernantes, pues a pesar de su escaso poder ofensivo, el Imperio bizantino conservaba aún el aura del prestigio romano y no se descartaba la posibilidad de una restauración imperial, como la que, en efecto, intentó Justiniano en el siglo VI.

Por su parte, los monjes y letrados bizantinos influyeron en alguna medida en el desarrollo cultural y en la orientación de la mentalidad política del Occidente. Introdujeron no sólo las típicas concepciones bizantinas —de hecho ya orientalizadas—, sino también influencias orientales directas que en esos siglos desbordaban sobre el mundo bizantino con extremada fuerza. Coadyuvábase así a cierta marcada orientación que imponía la frecuentación de la Biblia, cuya fuerza dogmática arrastraba consigo un rico caudal de concepciones tradicionales de los pueblos de Oriente; y este género de influencias se acentuó aún más con la aparición de los árabes que, en alguna medida, dejaron filtrar sus ideas a través de las inestables fronteras que establecieron con el mundo cristiano.

Hubo, pues, en el Occidente germanizado, una curiosa aceptación de elementos culturales orientales que dejarían su huella durante toda la Edad Media hasta el punto que ha podido decirse que esta larga época constituye una curiosa inclusión del Oriente en la cultura occidental.

Destruida en la realidad la unidad imperial, subsistió en los espíritus como una aspiración y como una esperanza. La Iglesia cristiana occidental, en la que se fijaron múltiples rasgos de la estructura imperial, defendió la concepción unitaria del Occidente y creó una concepción del papado a imagen y semejanza de la autoridad de los emperadores. El Imperio bizantino proporcionó, al mismo tiempo, un modelo vivo. Y cuando el peligro árabe se cernió sobre los reinos romanogermánicos, la concepción imperial pareció renacer como la solución inevitable para contraponer a un mundo unido y poderoso otro del mismo potencial.

El Imperio carolingio fue el resultado de este reavivamiento de la concepción unitaria, estimulado por la Iglesia y posibilitado por la energía de los Heristal. Una vasta área germanizada se unificó entonces, y aunque la nueva ordenación fue efímera, realizó cierto importante ajuste de los elementos culturales en presencia; luego se disolvió, y comenzó una nueva era en la que habrían de ordenarse aquéllos según otro sistema dando origen a otra fisonomía que caracteriza, para nosotros, la alta Edad Media.

2) Los caracteres generales de la cultura durante la temprana Edad Media

Tan rigurosos como pudieran ser los esfuerzos del análisis y la descripción, la fisonomía cultural de la temprana Edad Media quedará siempre imprecisa e indeterminable. Es éste, en efecto, un rasgo de su naturaleza y no sólo el resultado de nuestro escaso conocimiento de muchos de sus secretos, porque su innegable fuerza creadora no pudo, durante ese periodo, sobreponerse al vigor de los conjuntos culturales homogéneos que se enfrentaron.

Esos conjuntos culturales, cuya homogeneidad interna estaba sustentada por una larga tradición, eran heterogéneos entre sí, y la temprana Edad Media no pudo afirmar frente a ellos la línea original que sin duda se esboza en algunas de sus creaciones culturales. Esfuerzos de conciliación y tentativas de compromiso parecían suponer una imagen cultural nueva. Pero no estaba tan nítida como para quebrar los cuerpos de tradición con los que había que trabajar. Y de ese modo, pese al vigoroso esfuerzo creador que se adivina en el manejo de los materiales viejos, el intento quedó a medio camino sin que sea posible diseñar con precisión los ideales que perseguía.

Las minorías conquistadoras trajeron a los reinos de que se apoderaron el sistema —ya hibridado por cierto— de los ideales germánicos. En el fondo subyace la concepción de la vida que revelaron César en sus *Comentarios de la guerra de las Galias* y Tácito en su *Germania*. La misma concepción heroica de la vida, el mismo naturalismo, la misma ingenua actitud frente a los problemas del espíritu y de la convivencia social. Pero sólo en el fondo, pues en la superficie habían obrado sobre los germanos poderosas influencias que, aunque no del todo eficaces, habían modificado en algo su actitud frente al mundo y la vida.

Sin duda las influencias romanas habíanse hecho sentir en el plano de las ideas políticas y sociales. El viejo nomadismo no quedaba ya sino como un vago recuerdo —o acaso una vaga aspiración— y la democracia igualitaria había cedido ante la concepción real estimulada por la política de Roma. Del mismo modo, el cristianismo había impuesto, por sobre la mentalidad naturalística de los germanos, una concepción teística, cuyos fundamentos poco arraigados sustentaban, sin embargo, ciertas nuevas ideas en el plano moral y en la concepción de la convivencia social.

Teniendo en cuenta su localización en el Occidente, no careció de significación el que la conversión de algunos grupos germánicos fuera obra de misioneros arrianos, cuya secta, aniquilada en el Oriente, sobrevivió de este modo y renovó el conflicto religioso con la ortodoxia representada por el papado. Los reyes germánicos encontraron en el arrianismo, más que una variante teológica preferible —cuyo alcance seguramente no percibían en aquello que constituía la preocupación de los teólogos griegos—, una doctrina que aseguraba mayor independencia al poder real con respecto a la jerarquía eclesiástica; y es lícito suponer que Teodorico Ámalo soñó con una unificación del mundo germánico occidental dentro de la fe arriana.

Pero tan variadas y profundas como pudieran ser estas influencias, en muy poco alteraron el sistema de ideales de vida propio de los germanos, como se observa en cuanto los comparamos con aquellos que coexistían con él en el ámbito de su dominio: el sistema romanocristiano de tipo occidental que se elaboraba desde el bajo Imperio y el sistema romanocristiano de tipo oriental que luchaba —aunque ya vencido— por afirmarse y sobrevivir.

La masa de la población sometida era, en el Occidente, relativamente homogénea. En España, Galias, África del norte e Italia, la población romana o romanizada vivía dentro de un sistema de ideales de vigorosa estructura, en el que se confundían las tradiciones de la romanidad —menos alteradas allí por la crisis del siglo III— y las tradiciones del cristianismo, en proceso ascendente. La concepción romanocristiana de tipo occidental habíase delineado durante el siglo IV y era ya vigorosa y firme en el V, gracias a las asimilaciones y transacciones procuradas entre ambas partes, que Constantino había diseñado como objetivo de alta política, lo que Eusebio de Cesárea exaltaba en su *Vida de Constantino*, lo que San Jerónimo y San Agustín trataban de perfilar y determinar con rigor en su meditada y consciente dilucidación de los problemas de su tiempo, suponía un enérgico propósito de conciliar la estructura histórica de la realidad que el imperio significaba con la estructura espiritual que suponía el cristianismo. Este afán arrancaba de cierta intuición de algunas correlaciones alcanzables, pero implicaba desvirtuar muchos rasgos fundamentales de una y otra. En el fondo, la concepción clásica de la romanidad era inconciliable con el cristianismo, y la concepción evangélica del cristianismo era inconciliable con la romanidad. Sólo una exégesis minuciosa podía deslindar las zonas de fricción inexcusable para establecer jurisdicciones sutilmente diferenciadas, y aun así, sólo pudo llevarse a cabo después que la romanidad clásica hubo naufragado en la crisis del siglo III y que el cristianismo hubo entrado en la vía de las transacciones con el pensamiento occidental. Pero lo cierto es que, a la altura en que se produjeron las invasiones germánicas, ese proceso de asimilación y acomodación había adelantado mucho y había llegado a diseñar un sistema de ideales bastante compacto dentro del cual vivía la población del imperio al producirse aquéllas.

Adelantemos que acaso el rasgo más característico de esa conciliación era el abandono del ideal contemplativo absoluto y su acomodación a cierto activismo constitutivo de la concepción romana de la vida. En oposición a esa concepción transaccional, erigíase frente a los conjuntos culturales que tendían a realizarla otro que podríamos llamar cristiano oriental. Entrañaba éste una idea de la vida hermética e incontaminada, fiel a las tendencias contemplativas del Evangelio y resueltamente cerrada a toda concesión respecto a las exigencias del mundo. Su foco de influencia era la tradición de los padres de la Tebaida, trasmitida y defendida a través de relatos y ejemplos, aunque escasamente imitada en el Occidente. Empero, poseía la fuerza de todas las ortodoxias militantes, de todas las posiciones extremas e irreductibles, y servía como punto de comparación y como meta accesible para quienes querían hallar el modo de eludir la agitada realidad social de la época, contando en su favor con los textos evangélicos que forzaban la atención hacia esa concepción de la vida ornándola con un aura de perfección.

Pero se advertía muy pronto que su perfección parecía incompatible con la realidad. El tipo de vida occidental plasmado por la conjunción transaccional de romanidad y cristianismo excluía esa forma extrema, como hubiera excluido, si alguien hubiera pretendido suscitarlas, las formas de la romanidad clásica. Y entretanto, surgía, del esfuerzo decidido de moldear una forma de vida en la que se aunaran viejas y nuevas aspiraciones, una imagen del mundo y del trasmundo en la que se componía una visión del universo, una conciencia del orden universal, unos ideales de convivencia terrena, una idea, en fin, del hombre y de sus posibilidades de realización en el *curriculum vitae.*

Todo ello alcanzó a componer una fisonomía propia, por la que reconocemos la cultura de la temprana Edad

Media. Acaso no sea fácil precisar categóricamente muchos de sus rasgos, pero la combinación de ciertos acentos y matices revelará la originalidad de la combinación de elementos frente a la precisa fisonomía de cada uno de esos mismos elementos en sus fuentes prístinas. Se descubrirá una tendencia, una dirección, y acaso el andamiaje de un sistema de ideales frustrado luego. Pero todo ello proporciona una idea acabada de su naturaleza: indecisa, creadora, oscura, como se ha dicho tantas veces, pero sólo con esa oscuridad que es propia de los abismos donde se agitan las fuerzas elementales, de las que habrán de nacer un día las formas acabadas y resplandecientes.

3) La imagen del universo. Mundo y trasmundo

Si la tónica general de la concepción del universo está dada, en la temprana Edad Media, por las ideas cristianas, es innegable que sus acentos se manifiestan por sobre un vago y mortecino conjunto de nociones que, de algún modo, perduran y vibran en el alma del hombre. Ese conjunto de nociones provenía de dos fuentes: de la tradición pagana, no destruida totalmente, y de la tradición germánica, defendida por la victoria de sus portadores. Una y otra coincidían en algunos aspectos que se contraponían al cristianismo, y aun cediendo finalmente ante él, dejarían sus huellas en ciertas deformaciones y resabios de innegable profundidad.

Había en la concepción romana del universo una tendencia que desembocaba en cierta imagen naturalística. Conducían a ella los elementos mágicos que obraban en el alma romana, el irreductible politeísmo popular y aun —y acaso más que nada— el vago panteísmo que resultó de la acentuada tolerancia religiosa del imperio, insensible o indiferente frente a las peculiaridades nacionales de las divinidades acogidas en su seno.

Era el suyo, ciertamente, un naturalismo vergonzante, o acaso nada más que impreciso en sus fundamentos. Si el politeísmo popular apenas podía disfrazar los elementos naturalísticos que estaban en su base, hubo quien, como Plinio el Viejo, se atrevió a declarar explícitamente que la naturaleza era la madre de todas las cosas y que sólo a ella debiera considerarse divina. Próximo por sus consecuencias estaba el pensamiento de Lucrecio, y próxima también cierta imprecisable tendencia a lo real del espíritu romano que, cualquiera fuera la doctrina a que se adhiriera, se resistía a renunciar a su intuición primera de la naturaleza circundante. Júpiter o Minerva, larvas o lemures, podían adivinarse tras el secreto de las cosas, pero obedecían ciegamente a un orden que se confundía demasiado con la experiencia del orden de la naturaleza. Y en la arraigada y vigorosa creencia en el *fatum* escondíase el reconocimiento de un sistema de leyes que correspondía al sistema de la naturaleza y en el que el azar no representaba sino la inesperada presencia de lo antes desconocido.

Con este profundo y vago naturalismo coincidía el de los germanos, atado irremisiblemente a su intuición primera de la realidad circundante. No faltaban, ciertamente, dioses en su panteón, pero apenas advertíase en ellos la elaboración de una religiosidad profunda, en tanto que manifestaban en su superficie su origen inmediato: la naturaleza misteriosa, llena de secretos, pero sometida a un principio de regularidad que podía reducirse a un sistema de ideas capaz de explicar, al menos, sus apariencias.

Ese vago naturalismo no se contradecía, en unos y en otros, por el descubrimiento de innumerables e inexplicables prodigios, porque ni unos ni otros se confesaban capaces de alcanzar los secretos de la naturaleza. Lo desconocido revelábase bajo sus formas cambiantes y diversas, y la sorpresa ante el prodigio era el tributo al reconocimiento del misterio, sin que por eso se hundiera el espíritu romano en una complicada concepción metafísica. Más aún, parecería como si el trasmundo de los dioses y de los muertos hubiera sido acercado al mundo real y participara de sus características; y una impresión semejante produce el mundo mágico de los germanos.

Sobre estas concepciones del mundo y del trasmundo se superpuso la doctrina cristiana. Se la enseñó pacientemente mediante la predicación, explicándola repetidamente a quienes casi no podían entender el conjunto de abstracciones que suponía. Y si los supuestos morales pudieron grabarse en las conciencias gracias al ejemplo de misioneros y de monjes, las últimas nociones sobre el universo y la vida sólo pudieron trasmitirse a fuerza de simplificarlas y reducirlas al sistema de ideas que se albergaba en el espíritu del oyente. Así surgieron una serie de transacciones que dejaron preparado el camino no sólo para el reavivamiento de los resabios paganos, sino también para traducciones harto imperfectas de las nociones doctrinarias del cristianismo. El afán de introducir a los pueblos paganos dentro del ámbito de la Iglesia movía a utilizar —fuera de la coacción, usada muchas veces— procedimientos catequísticos que, siendo sin duda muy hábiles, conducían a resultados inmediatos muy diversos de los esperados. La superposición de las fiestas cristianas sobre antiguas y tradicionales fiestas paganas, la asimilación de los milagros a los viejos prodigios, la explicación grosera de ciertas ideas abstractas inaccesibles, todo ello debía contribuir a perpetuar cierta concepción naturalística por debajo de una aparente adhesión a la concepción cristiana. El signo de esa perpetuación fue la multitud de supersticiones que la Iglesia creyó necesario combatir y el peligroso culto de las imágenes, en el que desembocaba cada cierto tiempo el antiguo politeísmo. En los campos sobre todo, las supersticiones se manifestaban vigorosas, y constituía toda una preocupación de la Iglesia el combatirlas, hasta el punto de que el sabio y piadoso obispo Martín de Dumio creyó necesario, en el siglo VI, dedicar a ese tema un tratado que tituló *De correctione rusticorum*. Parecía tan necesario combatir esos resabios como luchar contra las numerosas herejías que se oponían a la ortodoxia sostenida por el papado: arrianismo, nestorianismo, pelagianismo, y tantas otras de mayor o menor trascendencia.

Pero aun entre las herejías cristianas, esto es, entre las doctrinas que se apartaban de la ortodoxia eclesiástica en la certidumbre de acercarse más aún a la verdad evangélica, es posible hallar el rastro de las antiguas creencias precristianas. Tal fue el caso del priscilianismo, o doctrina de Prisciliano, un predicador gallego de fines del siglo IV que supo trasmutar el rico y sugestivo caudal de la tradición céltica dentro del marco cristiano, y arrastrar a los creyentes de Galicia, Lusitania y Bética, esto es, de buena parte de la España romana. Y es bien conocida la influencia que en esa misma época tuvo el maniqueísmo, doctrina que durante algún tiempo no desdeñó el propio San Agustín.

Con todo, la Iglesia triunfaba poco a poco e imponía su doctrina con diversa profundidad en las distintas capas sociales. El monoteísmo se afirmaba lentamente en aquellas mentalidades antaño politeístas, y aun cuando se lo desvirtuara un poco y se desertara de él en ocasiones, se cernía como una afirmación doctrinariamente indiscutible y susceptible de ser sentida cada vez más profundamente. Del mismo modo la idea de la creación *ex nihilo* se afianzaba y desalojaba muchas supersticiones, y de semejante manera se imponían poco a poco otras nociones que, aun tan complejas como la de la transustanciación, eran aceptadas y sostenidas formalmente y luego recibidas en alguna medida según el poder de abstracción del catecúmeno.

Lo cierto es que, en el complejo cultural de la temprana Edad Media, puede advertirse el predominio de la concepción cristiana, a través de la decidida afirmación de ciertos planos que, en realidad, debían contribuir a fijar cierta imagen del universo. En primer lugar, la presencia eminente del trasmundo, de la que la Edad Media sacará cierta dimensión que le será propia y constructiva: la trascendencia.

Contaba esa afirmación de la presencia del trasmundo —ya se ha dicho— con los antecedentes proporcionados por la intuición de lo mágico y prodigioso en el espíritu romano y germánico. Pero el cristianismo debía acentuar cierta visión más profunda que los textos bíblicos traían de la tradición oriental, más aún, que era oriental en su esencia. Parte de la creación, el trasmundo se ordenaba como un ámbito singular en el que adquiría verdadera significación el mundo de la realidad inmediata. Caídos y bienaventurados, justificados y réprobos, no eran en última instancia sino la verdadera naturaleza de quienes antes de la muerte ignoraban su sino eterno. Así se prolongaba el mundo de la realidad inmediata hasta otro en el que sólo podía confiarse por la fuerza de la fe.

La presencia del trasmundo fue alimentada especialmente por el Apocalipsis, cuya lectura y cuyas glosas llegaban con singular dramatismo al espíritu. Son de esta época numerosos comentarios de la revelación de Juan el Teólogo, entre los que merecen citarse los de Primasio de Hadrumeta en el siglo v, de Apringio de Beja en el siglo vi y de Beato de Liébana en el viii, y cuyo sentido llegaba seguramente a través de la predicación a vastos auditorios. Para círculos más reducidos, los teólogos desarrollaron los temas clásicos que ya se hallaban en los padres griegos y latinos, con más preocupaciones por la didáctica que por el fondo mismo del asunto, pues era evidente que faltaba aquella sutileza, profundidad y sabiduría que antes caracterizó a los círculos intelectuales.

El punto de partida debía ser San Agustín, cuya *Ciudad de Dios* constituía un inagotable manantial para los espíritus preocupados por los problemas últimos de la doctrina. A él se debía la neta distinción, o mejor la caracterización de los dos mundos que el cristiano reconocía como contrapuestos: la ciudad celeste y la ciudad terrestre. Tras esta afirmación del trasmundo y de su significado eminente, la teología desarrolló en el Occidente diversos temas no siempre para profundizarlos sino a veces, más bien, para difundirlos entre los pocos disertos lectores. Dejaron numerosos opúsculos Próspero de Tiro, Casiano, Fausto de Riez, Cesáreo de Arlés y Salviano, en Francia; Justo de Urgel, Martín de Dumio, Apringio de Beja y Leandro de Sevilla, en España; y Fulgencio de Ruspe en África. Pero por esta época, la figura más importante como estudioso y como pedagogo de los problemas teológicos es San Isidoro de Sevilla, cuya obra densa y meditada constituye, a fines del siglo VI y principios del VII, no sólo la acumulación del saber de la temprana Edad Media sino también el arquetipo de ese periodo de la cultura. En el *Libro de las sentencias*, en los *Oficios eclesiásticos*, en el *Libro de las diferencias* y en muchos pasajes de sus obras —incluso las *Etimologías*—, San Isidoro estudia y desarrolla muchos problemas teológicos con suma agudeza y profundidad. Su obra constituyó, a su vez, un punto de partida, del que arrancaron los teólogos de Toledo y Zaragoza que siguieron sus pasos, y luego los de los países vecinos, hasta tal punto que ha podido decirse que el llamado Renacimiento carolingio sería incomprensible sin este antecedente.

En cierto modo, este vasto movimiento intelectual que se desarrolla en los siglos VIII y IX, y cuyas grandes figuras son: Alcuino, Paulo Diácono, Rabano Mauro y, sobre todo, Juan Escoto Erígena, sigue la línea de San Isidoro en cuanto éste había formulado cierta síntesis del saber antiguo y de la tradición patrística que correspondía a las posibilidades del saber de su tiempo. Pero debe advertirse que en el último, Escoto Erígena, se plantean algunos problemas con renovada profundidad. Conocedor del griego, suscitó un renacimiento de las ideas de Orígenes de Alejandría y los neoplatónicos, especialmente por medio de su obra magna, *De divisione naturae*, y planteó algunos de los temas que habrían de apasionar más tarde a los escolásticos.

La fe y la defensa de la doctrina no dejaron de inspirar a algunos poetas. Como Prudencio en los últimos años del siglo v, quisieron defender o explicar poéticamente sus creencias, Paulino de Pella —en el *Eucharisticos*—, Avito, obispo de Vienne —en *La virginidad*—, Dranconcio —en el *Carmen de Deo*— y Verecundo, obispo de Junca —en el *De satisfactione paenitentia*—. Son todos poetas cristianos de los reinos romanogermánicos que florecieron en los siglos v y vi, en medio de las luchas contra las sectas heterodoxas y contra las aristocracias germánicas.

4) La conciencia de un orden universal

Acaso el más significativo punto de coincidencia de la tradición romana y la tradición cristiana sea la conciencia de un orden medieval, esto es, la certidumbre de que la vida del individuo, cualesquiera sean sus determinaciones circunstanciales, se inserta en un sistema universal. Esta certidumbre era, sin duda, una secuela de la secular perduración del Imperio romano —aún subsistente entonces, por lo demás, según la opinión generalizada durante la temprana Edad Media, y mantenido en el Oriente—, y coincidía con la concepción universal, "católica", de la Iglesia romana.

Tan contradictoria como pudiera parecer la realidad historicosocial respecto a esa convicción, fue alimentada y sostenida por el recuerdo duradero del imperio y por la enérgica acción del papado. Se entremezclaron a lo largo de la temprana Edad Media las dos raíces que la nutrían, chocaron a veces las dos concepciones que representaban, y se fundieron poco a poco en el plano teórico aun cuando esbozaran muy pronto sus zonas de fricción. Una y otra representaban dos interpretaciones diferentes del ideal ecuménico, pues la tradición romana tendía a una unidad real —el imperio—, y la tradición cristiana conducía a una unidad ideal —la Iglesia—, en la que, sin embargo, el pontificado hubo de ver, en cierto momento, la virtualidad de una unidad tan real como la del imperio. De esta disparidad surgiría más tarde el conflicto entre ambas potestades.

Durante los primeros tiempos del cristianismo —hasta el siglo III aproximadamente— la actitud de la cristiandad reveló un fuerte sentimiento secesionista dentro del Imperio romano. No se sentía solidaria con su destino, sino que, por el contrario, percibía entre ambas comunidades —la imperial y la cristiana— un antagonismo irreductible. Ésta era la actitud de Tertuliano, por ejemplo, cuando en el *Apologeticus* afirmaba: "Para nosotros, a quienes la pasión de la gloria y los honores nos deja fríos, no hay en verdad ninguna necesidad de ligas, y nada nos es más extraño que la política. No conocemos sino una sola república, común a todos: el mundo." Y más adelante: "Somos [los cristianos] un cuerpo, por el sentimiento común de una misma creencia, por la unidad de la disciplina, por el lazo de una misma esperanza."

Nada se oponía, sin embargo, a que la comunidad cristiana viviera dentro del imperio, por cuya felicidad rogaba a Dios; pero nada la solidarizaba con su destino, que veía atado al designio divino, de "su" dios, y no de la Fortuna inspiradora de su propio genio. Por obra del dios de los cristianos caería el imperio si estaba escrito que cayera, y ni en favor ni en contra sentíanse los cristianos obligados a moverse. El imperio era "lo que es del César", y ellos sólo se preocupaban por "lo que es de Dios". Fiel a esa doctrina, San Ambrosio levantó su voz en contra del emperador Teodosio y se esforzó por señalar los límites entre la potestad eclesiástica y la potestad imperial.

Empero, tolerado primero y reconocido como religión oficial después, el cristianismo comenzó a sentirse poco a poco consustanciado con el imperio. Su área era la del mundo civilizado, y lo que quedaba fuera de sus fronteras era la barbarie, mil veces más temible que la orgullosa y declinante estructura del imperio. Catequista celoso, San Jerónimo se conmueve profundamente, sin embargo, cuando se entera del saqueo de Roma: "Mi voz se extingue —escribe— y los sollozos ahogan mis palabras. Había pensado comenzar hoy mi estudio sobre Ezequiel; pero era tal mi turbación al pensar en la catástrofe del Occidente, que por primera vez me faltaron las palabras; largo tiempo he permanecido silencioso, persuadido de que estamos en el tiempo de las lágrimas." Era, a principios del siglo v, la misma angustia que embargaba a San Agustín, a Prudencio; la misma que provocaría poco después una intensa y nostálgica admiración por la romanidad en Sidonio Apolinar, en Casiodoro, en Ennodio. Porque caído y disgregado, el imperio disimulaba lo que en él había de pura expresión pagana y dejaba iluminado con vivísima luz aquello que en su concepción de la vida había sido propicio a la trasmutación del cristianismo, aquello con que el cristianismo se había nutrido y fortificado.

Esta segunda actitud, típica de la época de las invasiones y de los primeros momentos de los reinos romanogermánicos, habría de sufrir con el tiempo ciertas transformaciones. También los invasores deponían prontamente su hostilidad contra el imperio, más aparente que real, gracias a la admiración que suscitaba en ellos la alta civilización con que se encontraban y que heredaban gustosamente. Los cristianos no podían, pues, sino sentir mayor confianza, y poco a poco comenzaron a concebir la esperanza no sólo de que la vida seguiría siendo posible, sino de que, más aún, las invasiones mejorarían el tronco romano. Ésta fue la opinión de Paulo Orosio, cuyos argumentos fueron desarrollados por otro pensador también del siglo v, Salviano, en *De gubernatione Dei,* donde sostenía que los males de la época provenían de la infamia y los vicios de los romanos, y que la virtud de los pueblos bárbaros —viejo argumento de Tácito— podía constituir un remedio eficaz. Con su vida misma parecían testimoniar esta confianza Casiodoro y Boecio, si bien este último pudo experimentar cuáles eran los límites de su optimismo. Pero lo cierto es que, en los siglos subsiguientes, las minorías cultas —en su totalidad romanocristianas, puede decirse— no sólo abandonaron el prejuicio antibárbaro, sino que se incorporaron plenamente a las condiciones históricas reales que, por lo demás, constituían ya un hecho consumado. A esas minorías pertenecen los grandes historiadores de los reinos romanogermánicos —San Isidoro de Sevilla, Gregorio de Tours, el Venerable Beda, para no citar sino los más importantes—, naturalmente, los hombres más influyentes del periodo carolingio.

Quienes así pensaban, conservan vigorosamente la tradición de la unidad romana, participan de la concepción universalista de la Iglesia católica, y sostienen la posibilidad del triunfo del ideal ecuménico dentro de la nueva situación histórica. No es fácil imaginar cómo, pero la fortaleza de esta convicción se advierte en el fondo de los intentos de conciliación que animan su obra de historiadores, de juristas, de pensadores y consejeros políticos.

Al principio, y en realidad durante casi todo el transcurso de la temprana Edad Media, la Iglesia se atuvo a la concepción ideal del orden universal, aspirando a realizarlo en el reino del espíritu y sin acariciar ilusiones de poder terrenal. Era la línea que trazaba la tradición evangélica y la que permitía seguir la situación de la Iglesia, pues el papado, luego representante de otra concepción más audaz del orden universal, no tenía todavía ni deseos ni posibilidades de sobrepasar el plano espiritual. El obispo de Roma tenía, en efecto, como programa inmediato, el de lograr el reconocimiento de su autoridad por los poderosos magnates de la iglesia oriental y aun por los obispos occidentales. A Gregorio I se debió, a principios del siglo VII, el afianzamiento de la posición del papado frente a unos y otros, pero en una época en que aún era reciente la conversión de algunos pueblos germánicos, de modo que hubiera sido utópico pensar en nuevos avances de la Iglesia sobre terrenos en los que primaba la fuerza. Si más adelante, con el decidido apoyo de los francos y confiando en la solidez del pacto establecido con ellos, pudieron los pontífices realizar algunos actos jurídicos destinados a fundar su derecho a intervenir en la vida política —como la coronación de Carlomagno por León III—, puede inferirse que, hasta entonces, nada autorizaba al papado a alentar otras esperanzas que las del dominio universal sobre la cristiandad, esto es, sobre los fieles en tanto que tales y con prescindencia de su condición de miembros de distintas unidades políticas.

Efectivamente, la actitud de la Iglesia frente a los reinos romanogermánicos —germen de los estados nacionales—, fue de reconocimiento de su existencia histórica como hecho consumado. Pero la tradición de la unidad imperial conservaba su color al socaire de su propia concepción ecuménica, y estimulaba en las minorías cultas una concepción de la vida histórica en la que los reinos nacionales integraban idealmente un conjunto que se caracterizaba por la unidad religiosa y, sobre todo, obsérvese bien, por la real obediencia espiritual al obispo de Roma, a diferencia del Imperio bizantino, en donde la obediencia era más teórica que efectiva. Testimonio de esa concepción es la perduración durante la temprana Edad Media de los esquemas históricos universales. La *Crónica* de San Jerónimo y la *Historia* de Paulo Orosio constituían el punto de partida, con el que se vinculaban de alguna manera las obras más significativas de esta época: las crónicas de Hidacio, Próspero de Tiro, Víctor de Tunnuna, Juan de Biclara, y sobre todo las de Casiodoro e Isidoro de

Sevilla. En todas ellas, con parquedad de datos y lamentable pobreza interpretativa, se advierte el afán por mantener la correlación del proceso histórico entre las diversas unidades surgidas del Impero romano, esto es, no sólo los reinos romanogermánicos, sino también el Imperio bizantino, donde a su vez emprendieron pareja tarea Zosómenes, Sócrates y Teodoreto, también continuadores de San Jerónimo.

Pero el tema de la ordenación universal tenía peligrosas espinas. Si podía admitirse en el plano ideal, esto es, como unidad espiritual de la cristiandad, las monarquías romanogermánicas no estaban dispuestas a tolerar que de ello se siguiera el más ligero avance de la potestad pontificia en cuestiones que tocaran los problemas reales de sus respectivos reinos. Por lo demás, la mera enunciación de las aspiraciones universalistas suscitaba en los reinos dos clases de preocupaciones. Por una parte, la que se relacionaba con las aspiraciones vigentes del Imperio bizantino a la reconquista de los antiguos territorios romanos, que Justiniano puso en vigor en el siglo VI. En efecto, los grupos romanocristianos adversos a la monarquía arriana de los visigodos, por ejemplo, identificaban el triunfo de su fe con el triunfo de Constantinopla, y el fenómeno parece haber tenido considerable significación en ese siglo. Pero, por otra parte, toda aspiración universalista se confundía —sobre todo a los ojos de los reyes romanogermanos— con la aspiración a consolidar la hegemonía de un reino sobre otros: de Teodorico Ámalo, por ejemplo, o de Clodoveo.

Po podía estimular, pues, las sólidas situaciones reales de la temprana Edad Media sino el afianzamiento de la idea de la unidad espiritual de la cristiandad, como comunidad religiosa y sobre un plano puramente espiritual. La Iglesia reconoció esta situación de hecho y defendió su terreno donde era defendible: en el plano espiritual. Pero, por cierto, demostró extraordinaria previsión señalando con exactitud los puntos sobre los cuales no podía haber renunciamiento de su parte. La tesis de "las dos espadas" surgió por entonces, puntualizando que el poder venía de Dios y que se manifestaba por medio del brazo eclesiástico y el brazo secular de los cuales el último debía estar al servicio del primero. Era una doctrina, pero a fines de la temprana Edad Media se vio ya cuál era su verdadero alcance, cuando León III impuso la corona a Carlomagno, ungiéndolo emperador por la gracia de Dios. En ese momento la situación había cambiado considerablemente con respecto a los primeros siglos de los reinos romanogermánicos. Los pueblos musulmanes, organizados en un sólido y gigantesco bloque bajo la autoridad de los califas, habían comenzado en las postrimerías del siglo VII su ofensiva contra el Occidente y amenazaban con dar cuenta de los nuevos reinos surgidos sobre el ámbito del Imperio, en los que habían declinado la energía y la capacidad combativa. A principios del siglo VII sucumbió el reino visigodo de España y las olas islámicas empezaron a penetrar por los valles pirenaicos. Un sentimiento de solidaridad apareció entonces entre los pueblos cristianos, y la idea imperial volvió a adquirir considerable fuerza.

Sostenida por la Iglesia, la idea imperial sería realizada por los francos gracias a la capacidad militar y política de los Heristal y especialmente de Carlomagno. Con algunas vagas semejanzas respecto al modelo romano, el nuevo imperio se constituyó como un resultado de las circunstancias y sobre la base de la organización del reino franco. Lo más nuevo en él era el acento religioso, testimoniado por la defensa militante del cristianismo frente a los infieles. Como seguramente lo había imaginado Constantino cuatro siglos antes, Carlomagno pudo contar con el apoyo decidido de la organización eclesiástica, que constituía por entonces un instrumento insuperable no sólo para la catequesis, sino también para la dirección y la organización del Estado. Solamente suponía un peligro: el de permitir la progresiva acentuación de un poder que podía atribuirse un origen más alto que el de los poderes políticos. Y este peligro, que apenas se puso de manifiesto durante la época de Carlomagno, se hizo cada vez más notorio en el periodo que siguió a su muerte, y durante el cual se desintegró la vasta creación del fundador.

La diferenciación regional, la situación de hecho de los grandes magnates que gobernaban las apartadas comarcas del imperio, la tradición beneficiaria, las segundas invasiones y otras muchas causas —que explican la consolidación del feudalismo—, justifican la disgregación del Imperio carolingio. Con ella sobrevino una época de diferentes caracteres y concluyó la que se conoce con el nombre de temprana Edad Media.

5) Los ideales y las formas de convivencia

La forma eminente de convivencia política está representada en la temprana Edad Media por los reinos romanogermánicos. Cada uno de ellos se constituyó sobre el área geográfica que pudo ocupar y mantener uno de los pueblos invasores, y sus fronteras fluctuaron según circunstancias de hecho, aunque la tendencia general fue a coincidir con las áreas provinciales romanas. Dentro de esos límites se produjo el establecimiento de una organización de poder por parte de los conquistadores, sobre la cual, poco a poco se fue constituyendo un orden jurídico que estabilizara y fundamentara la situación de hecho provocada por la conquista.

Por debajo del poder y de las estructuras jurídicas, la vida social presentó caracteres singulares. La minoría conquistadora —generalmente en número bastante reducido— no sólo ejerció las funciones políticas y militares que correspondían a su condición, sino que se transformó rápidamente en aristocracia terrateniente, lo cual, aunque no significó el despojo sistemático de la antigua aristocracia romana, entrañaba sin duda la posibilidad de que se produjera en determinados casos. El más importante problema social fue el de las relaciones recíprocas entre estas dos aristocracias, de las cuales la dominada no llegó a perder nunca del todo su antiguo prestigio.

En efecto, se beneficiaba con el prestigio secular del imperio y los conquistadores vieron en ella la depositaria de una tradición que admiraban y aspiraban a asimilarse en alguna medida. La actitud de la minoría conquistadora no fue, pues, de sistemática hostilidad contra la antigua aristocracia, sino que, más bien, se manifestó como un intento de atracción con el solo requisito de que aceptara su mutilación en el plano político. En cambio, les quedaban a sus miembros, como posibilidades de vida, las posiciones que les eran ofrecidas en la vida administrativa y judicial de los nuevos estados, y sobre todo, las que les ofrecía la Iglesia, transformada en reducto de quienes aspiraban a defender las estructuras tradicionales de la romanidad cristiana.

Sólo cuando las antiguas aristocracias adoptaron una actitud beligerante contra el orden establecido, por ejemplo, cuando entraron en relación con el Imperio bizantino en el reino ostrogodo de Italia o en el visigodo de España, fueron tratadas como enemigas y perseguidas con ensañamiento. Pero no en tanto que minorías sometidas, sino como grupos conspiradores.

Porque, en efecto, fue notorio el esfuerzo y el deseo de los nuevos estados por constituir rápidamente compactas unidades sociales. La política de contemporización y tolerancia fue hábilmente diseñada por Teodorico y fue seguida en otros reinos también, a imitación de él en algunos casos, como en el reino visigodo. El testimonio de esa política son los códigos en los que la ley romana se ajusta a las condiciones de realidad para procurar que se mantengan para las poblaciones de origen romano el mayor número posible de prescripciones tradicionales, sin perjuicio, naturalmente, de que se derogaran aquellas manifiestamente incompatibles con la nueva situación política. El paso posterior fue la supresión de las leyes personales y su sustitución por prescripciones legales válidas para todos los habitantes de los reinos, sin distinción de origen.

Permitió este último paso la circunstancia de que se hubiera producido ya un acentuado cruzamiento entre las dos aristocracias —la romana y la germana—, política que, por cierto, fue siempre bien vista en los nuevos reinos. Si era difícil establecer la condición de las personas dada su doble ascendencia, es fácilmente imaginable cómo se habrá producido el intercambio de las formas de vida, entre las cuales debían predominar finalmente las de más sólida tradición. Así puede advertirse en las costumbres, en los vestidos y en los hábitos cotidianos una creciente influencia de los gustos y las tradiciones romanas, modificadas además por los acentos impuestos por Bizancio.

Puesto que el conjunto total de los conquistadores, en sus diversas capas, constituyó en los reinos romano-germánicos una suerte de aristocracia, la fusión entre ellos y la población romana debió hacerse sólo con la antigua aristocracia de la población sometida. La masa romana —o romanizada, si se prefiere, en muchos de esos territorios— permaneció al margen de ese proceso de fusión, y la única novedad que se produjo en su situación social fue que descendió un grado más, pues ahora tenía sobre ella no uno, sino dos grupos de *élite*. Como población libre o como población servil, se mantuvo su situación de sometimiento dentro de una economía cada vez más caracterizada por el ruralismo. Apenas es posible imaginar —pues los datos no abundan— cuál fue la reacción de esas masas frente a los nuevos señores; pero puede afirmarse que la Iglesia no las descuidó y, seguramente, contó con ellas cada vez que se atrevió a manifestar su apoyo a uno u otro poder de los que a veces se enfrentaron.

De todos modos, más que antes, aún es innegable que esas masas carecieron de relieve histórico y que las fuerzas actuantes fueron las dos aristocracias en proceso de aproximación durante la temprana Edad Media. Entre ellas se llegó a fijar —vagamente, es cierto, pero con persistencia— cierto sistema de ideales comunes, que correspondía a ése y no a otro reino, ya que arrancaba de una intuición para orientarse hacia una concepción de la vida que podríamos, acaso con exageración, llamar nacional. Pero no nos detengamos excesivamente en el problema terminológico. Lo cierto es que los francos del siglo VI o VII, los visigodos, los ostrogodos, los sajones, los lombardos, y aun los burgundios y los vándalos, pese a lo efímero de su duración, presentan cierto conjunto de ideales comunitarios, cierta idea del destino del grupo histórico que constituían, ciertos supuestos que no terminan nunca de quebrarse, a pesar de la debilidad que manifiestan y de los atentados que los miembros del grupo cometen contra ellos. Quizá en el fondo sea una idea primaria —el área territorial que constituye su patrimonio, la mayor o menor adhesión a ciertas formas de vida—, pero la verdad es que en el transcurso de los siglos de la temprana Edad Media se ve constituirse poco a poco un conjunto de entes historicosociales que tienden a perfilar su fisonomía. Los francos o los sajones lo lograron al fin, pero porque entonces dieron los primeros pasos, de la misma manera que advertimos los primeros pasos en el reino visigodo: aun desaparecido, su imagen constituyó una instancia imposible de omitir en el desarrollo de la España cristiana posterior.

Signo eminente de esa fisonomía peculiar es la crónica nacional, cuyos más altos representantes son San Isidoro de Sevilla, Gregorio de Tours y el Venerable Beda. Ciertamente, más que la historia de una comunidad, se trata de la crónica de los hechos fundamentales de la minoría conquistadora; pero no se exagere el alcance de esta observación. Entre líneas, a partir del mero designio de escribir esa historia, puede advertirse el sentimiento de que la antigua circunscripción romana —Hispania, Galias, Britania— ha recobrado nueva vida por la accidental y ya definitiva simbiosis de dos elementos: el romano, portador de una secular tradición de cultura considerada inextinguible, y el germánico, acentuado por el hecho inobjetable de su eficacia histórica. En cada caso esa simbiosis ha producido una combinación original, cuyo decurso es imprevisible para su cronista, pero cuyos pasos se señalan intuyendo toda su significación histórica. La comunidad romano-ostrogoda no es para Casiodoro y Jornandés lo mismo que la comunidad romanofranca para Gregorio de Tours o la comunidad romanovisigoda para Isidoro de Sevilla. Los trazos diferenciales acaso no hayan sido señalados a fondo, seguramente porque se captaban como meros hechos de realidad que no inducían al análisis exhaustivo. Pero el cotejo demuestra ahora que los hechos de realidad percibidos por cada uno no son los mismos y sus significaciones, ligeramente diferentes. San Isidoro percibe una fisonomía del reino visigodo, que es también la de la comunidad regida por los visigodos, la del reino que se gesta, la de la unidad nacional que se prepara. Lo mismo vale para Gregorio de Tours y para Beda. Tan viva como pudiera estar en el espíritu de todos ellos —gente de tradición clásica y eclesiástica— la idea de la unidad imperial, en cuanto estrictos historiadores, esto es, espíritus aptos para captar las individualidades reales de la historia, los viejos cronistas de la temprana Edad Media nos revelan una innegable sagacidad y testimonian un hecho decisivo para comprender su época: la lenta aparición de entidades históricas de singular fisonomía, con rasgos comunes, pero con matices diferenciadores que se desarrollan y adquieren el valor de signos incuestionables e irreductibles.

Naturalmente, las crónicas nacionales de la temprana Edad Media son pobres y superficiales en muchos aspectos. Predomina en ellas la tendencia a describir los hechos de los reyes, modalidad, por otra parte, que caracterizaba a sus modelos clásicos. Pero puede decirse en su descargo que la monarquía constituía lo más característico de los nuevos estados y acaso el único elemento capaz de crear y consolidar las nuevas unidades historicosociales. De lejana raíz germánica, la monarquía fue saturándose más y más de tradición romana y complementó su fisonomía en algunos casos con rasgos reflejados de la lejana y brillante corte bizantina. Fue convirtiéndose, de ese modo, en un símbolo —y en un motor al mismo tiempo— de la fusión de los dos elementos étnicos y culturales que componían los reinos romanogermánicos, y en tal carácter la crónica nacional debía centrar en ella su interés.

6) La idea del hombre y las formas de realización del individuo

La indecisa fisonomía de la cultura de la temprana Edad Media se manifiesta, sobre todo, en la idea del hombre y en la imagen de las formas de realización del individuo. Una tendencia en la que confluyen los ideales romanos y los germánicos se contrapone y se combina poco a poco con otra de origen cristiano, sin que ambos términos acaben de compenetrarse durante este periodo en una síntesis acabada, aun cuando se deja adivinar la fórmula a que llegará luego la alta Edad Media.

La radical concepción romana del hombre, aquella que tuvo su pleno vigor en el periodo que puede llamarse de la romanidad clásica, esto es, entre el siglo II a. c. y el siglo II d. c., supone una noción de su destino precisamente delimitada del mundo terreno. Sus posibilidades de trascendencia están encerradas en la idea de la gloria, y se revierten al mundo de los vivos, entre los cuales mora su recuerdo y pervive su acción. Los valores que, en consecuencia, predominan en la romanidad clásica son los que se relacionan con la conducta real del hombre frente a su contorno real, sin que pese sobre las conciencias el incierto destino en un mundo ultramoderno en el que el hombre es, como dice Virgilio, "como un aura leve o como un alado sueño".

Esta concepción, que moviera el rigor de Escipión y de César, sufrió rudamente los embates de las creencias de origen oriental, cuya esencia era la trasposición del acento de la vida terrenal a otra misteriosa que comenzaba con la muerte. La gloria sustentada por la posteridad comenzó a parecer desdeñable junto a aquella otra felicidad que prometían las religiones catárticas, en un mundo ignoto y revelado por las misteriosas profecías. Ni el valor del legionario, ni el triunfo del *imperator*, ni la virtud del ciudadano, ni la eficacia del estadista podían mantener su significación y su relieve frente a esta concepción en que el tiempo de la vida se reducía a un instante frente a la prometida eternidad de la bienaventuranza. Empero, el contacto con los pueblos germánicos y su triunfo final en el ámbito del Imperio de Occidente debía restaurar en cierto modo aquella antigua concepción, de la que los germanos participaban a su modo. También para ellos cumplíase el destino del hombre de manera eminente sobre la tierra y dentro del límite de su vida, y también para ellos constituían valores fundamentales los que se relacionaban con la conducta real del hombre frente a su contorno real. El guerrero —esquema supremo de la concepción germánica de la vida— representaba la forma más alta de la acción, en la que era dado alcanzar el heroísmo, considerado como valor supremo. La virtud, aquella virtud que admiraban tanto Tácito en el siglo II como Salviano en el siglo V, era para el germano la excelencia lograda en el ejercicio de la vida social, en el plano de la vida real. Y al confundir esa concepción de la vida, sostenida en los reinos romanogermánicos por las aristocracias dominantes, con la dormida tradición romana, la despertó y vivificó oponiéndola resueltamente al quietismo contemplativo que proponían las religiones catárticas y que el cristianismo había conducido casi al borde del triunfo.

La actitud heroica fue desde entonces, en los reinos romanogermánicos, la que caracterizó a la *élite* directora, así como el activismo, que implicaba el principal obstáculo para el triunfo pleno de los ideales cristianos. Sólo en la escasa medida en que eran compatibles con ellos podían subsistir, y en aquellos planos que no suponían una negación de las normas predominantes. Pero, en cambio, el cristianismo pudo arraigar en las otras capas sociales, subordinadas a la *élite*.

La *élite*, en efecto, firme en sus ideales heroicos, desembocaba en una concepción señorial de la vida, en la que el heroísmo constituía el signo de una actividad relacionada con el poder, la gloria y la riqueza. En cada uno de los miembros de la *élite* se daban unidos, en distintas medidas, estos tres elementos de su grandeza, y en todo caso colocaban a todos ellos en una categoría superior a quienes les estaban sometidos por obra de la conquista y que les eran inferiores no sólo por no tener acceso a las posibilidades de la vida heroica, sino también, concurrentemente, por no poseer ni la riqueza, ni el poder ni la gloria.

Esta concepción heroica y señorial estimuló la supervivencia del antiguo elogio retórico, del que constituía ejemplo altísimo el panegírico de Trajano hecho por Plinio. En los últimos tiempos del imperio, Eusebio de Cesárea había renovado el tono tradicional del panegírico elogiando en Constantino otras virtudes que las que hasta entonces era habitual exaltar en los príncipes, y la defensa del imperio contra los bárbaros movió a algunos poetas a exaltar a los guerreros —de origen bárbaro, por cierto, en algunos casos— que se hicieron cargo de esa empresa: Merobaudo en el elogio a Aecio, y Sidonio Apolinar en los de Mayoriano y Anthemio. Según ese modelo, Venancio Fortunato ensayó en el reino franco el elogio retórico de los reyes según los modelos romanos, y sus ditirambos a los reyes Sigeberto y Heriberto constituyen preciosos documentos de esta curiosa trasposición de los esquemas tradicionales a los nuevos héroes, guerreros poderosos y, por cierto, absolutamente ajenos a los ideales contemplativos y aun a los ideales morales del cristianismo.

La concepción de que el destino del hombre se cumplía sobre la tierra y de que su grandeza no reconocía otras posibilidades que las que le proporcionaba la acción se afianzó en virtud de la situación real, y sólo comenzó a perder su predominio cuando la Iglesia encontró el camino por el que podría canalizar esos impulsos activistas, transformándolos en alguna medida.

La Iglesia había comenzado a triunfar sobre el espíritu de la romanidad clásica —ya se ha dicho— durante el bajo Imperio, pero vio declinar el prestigio de sus ideales con la irrupción de los invasores germánicos. Si a una colectividad ya preparada por otras influencias, y cuyo programa vital y cuyos ideales estaban agotados, fue posible inculcarle en cierta medida el entusiasmo por el renunciamiento y la vida contemplativa, más ardua empresa era imponer semejantes esquemas de vida a los grupos conquistadores que tenían por delante la perspectiva de completar y disfrutar su extraordinaria victoria. El renunciamiento y la vida contemplativa tenían como forma extrema el monarquismo, y basta imaginar lo que significaba para comprender que aquellos ideales eran inaceptables para los germanos. Los tiempos señalaban otras tendencias vitales. Mientras el tipo de monje adquiría inusitado prestigio en el Oriente, el sentimiento cristiano derivaba en el Occidente hacia el tipo del catequista, del santo militante, del mártir, esto es, del hombre capaz de poner en acción su vocación religiosa en beneficio de la propagación y la defensa de la fe.

Por este camino, el hombre de religión llegó a impresionar al guerrero, que reconocía en él un compañero de lucha, en tanto que apenas podía comprender al meditativo solitario. Cuando San Benito instauró en el mundo occidental la vida monástica, no desdeñó la consideración de esta nota predominante, e introdujo en su regla sabias y prudentes prescripciones que obligaban al monje al trabajo. También obraban en el mundo el obispo y el clérigo, cuya labor de enseñanza y de confortación se complementaba con la celosa y vigilante defensa de una fe que la aristocracia dominadora no podía comprender en sus supuestos profundos y que, todo lo más, admitía en sus aspectos puramente formales. Y por esta vía, la concepción evangélica se desvanecía ligeramente y postergaba el sublime ideal de la comunidad de contemplativos para aceptar una imposición de la tónica vital del mundo en el que actuaba, proveniente del prestigio de los ideales activistas.

El reflejo de esta idea de la misión del hombre de fe fue la hagiografía; en las vidas de los santos recogía el piadoso biógrafo la sucesión de sus milagros, concebidos como trabajos contra una realidad ligeramente hostil, en cuanto resistía los ideales profundos del cristianismo, y a veces resueltamente adversa. La *Vida de San Antonio* de Atanasio y la *Vida de San Martín* de Sulpicio Severo dieron el tono de este tipo de biografía que produjo luego innumerables obras de diversa jerarquía e influencia. En todo caso, las inspiraba un sincero afán de ejemplarización y catequesis y entrañaban una imagen de la vida susceptible de conmover las almas agobiadas de quienes soportaban el peso de una aristocracia sólo sensible a los halagos del heroísmo, el poder y la riqueza.

Pero había entre el puro activismo de la aristocracia guerrera y la contemplación religiosa un lugar para la actividad intelectual, a la que se dedicaron con fervor, preferentemente, los hombres de iglesia y excepcionalmente algunos laicos. Esa actividad comprendía el cultivo de los dos saberes, el piadoso y el profano, el cristiano y el pagano; porque si antes el cristianismo había rechazado como estéril todo el saber de la Antigüedad, ahora, tras las invasiones germánicas, se aferraba a él en cuanto testimonio excelso de un tipo de vida que el cristianismo quería defender a toda costa. Por lo demás, cierta parte de la tradición religiosa proporcionaba ya mezclados los dos elementos, y especialmente San Agustín, cuyo valor como inspirador de toda la actividad intelectual de la temprana Edad Media es decisivo.

En cierto aspecto, la actividad intelectual se conquistó el respeto de las minorías dominantes gracias a su importancia para la vida práctica. Era el caso del derecho, tanto canónico como civil, cuya ignorancia por parte de los conquistadores debía obviarse con el auxilio de los expertos —de origen romano—, pues muy pronto fue evidente para el estado romanogermánico la necesidad de renovar y ajustar su estructura jurídica. Los funcionarios y los eclesiásticos adquirieron poco a poco, gracias a su conocimiento del derecho, un reconocimiento de su valor que se extendió en alguna medida a todo el que dedicaba su actividad a los estudios, sobre todo en el caso de los hombres de iglesia. La significación que la organización eclesiástica adquirió en los diversos reinos por su gravitación social y por la importancia que en todos los casos adquirieron los conflictos religiosos, dio también considerable importancia a los estudiosos de los problemas teológicos, árbitros o artífices de las soluciones —a medias religiosas y a medias políticas— en que desembocaban los problemas doctrinarios, tras los que se escondían a veces problemas sociales de alguna gravedad. Ya se han citado los nombres más ilustres en esa disciplina, a los que sólo sería necesario agregar el de algún pontífice, como Gregorio el Grande, en cuyos *Diálogos* se refleja la sencilla y sólida concepción en que se traducía la vasta meditación de un Clemente de Alejandría o un San Agustín, figuras cuyo vuelo era inconcebible en el ambiente cultural del Occidente durante la temprana Edad Media. Un aporte fundamental proporcionó Casiodoro, en el siglo VI, gracias a las traducciones que encomendó a sus discípulos de algunas obras griegas, como las homilías de San Juan Crisóstomo y de Orígenes, alguna de Clemente de Alejandría y otras sobre derecho canónico.

Una trasposición semejante se advierte en cuanto al saber profano. Todo lo imponderable del saber antiguo habíase diluido poco a poco en el ambiente cada vez menos adecuado del bajo Imperio, y el afán de salvar las ruinas de la tradición erudita que caracteriza a un San Isidoro debió aferrarse a las obras que, como las de Aristóteles, Cicerón, Porfirio y Marciano Capella, representaban un acopio de nociones e ideas fundamentales. Sobre esa base pudo componer San Isidoro sus *Etimologías*, vasta enciclopedia en la que procuró recoger, ordenar y acordar el mayor número posible de datos sobre los problemas fundamentales y sobre las diversas disciplinas. Las *Etimologías* ejercieron una influencia inmensa en los tiempos inmediatamente posteriores a su aparición, y constituyeron la base del desarrollo intelectual de los monasterios de Inglaterra e Irlanda, así como también del vasto movimiento intelectual que se conoce con el nombre de Renacimiento carolingio. De allí arranca la vigencia que, dentro del saber medieval, tiene el sistema de las siete artes liberales, así como también la supervivencia de múltiples ideas cuyas fuentes originales estaban cegadas para los estudiosos de la época.

Pero ni la pura contemplación, ni esta especie de semicontemplación intelectual, constituyen el centro de la acción de los hombres de iglesia. Todos, preocupados o no por la custodia de la tradición erudita, dedicaban sus mejores esfuerzos a la defensa de los ideales cristianos, o mejor aún, a la defensa y exaltación de la Iglesia como institución. Era necesario acentuar la primacía de los ideales que ella defendía, y si durante los primeros tiempos resultó insuperable el obstáculo puesto por la fiera soberbia de los conquistadores, la situación cambió poco a poco y, sobre todo, a partir de la ofensiva musulmana del Occidente. La Iglesia descubrió entonces la posibilidad de canalizar el ímpetu guerrero y heroico hacia la defensa de la fe, y a partir de ese momento señaló la eminencia del fin perseguido con respecto a la actividad que se ponía a su servicio. De ese modo empezó a perfilarse la idea del caballero cristiano, que tanta importancia habría de adquirir poco después. Allí estaba la raíz de una nueva concepción de la vida, la raíz de nuevas formas de convivencia, la raíz de nuevas creaciones artísticas. Allí se escondía el origen de la épica, testimonio de una mutación que cambiaba fundamentalmente la posición de la Iglesia dentro de la naciente sociedad feudal.

II

LA ALTA EDAD MEDIA

La alta Edad Media es el periodo que transcurre desde la disolución del Imperio carolingio hasta la crisis del orden medieval que se anuncia ya en pleno siglo XIII —casi simultáneamente con el momento de culminación del espíritu medieval— y que hace irrupción en el XIV, dando origen a la baja Edad Media. Puede decirse que este periodo constituye la etapa de gestación y maduración del proceso creador que representa la Edad Media. Si el término no fuera demasiado arriesgado, podría llamárselo el periodo clásico de la Edad Media. Las catedrales góticas, la *Suma teológica*, la *Divina comedia* pueden ser consideradas como las más altas expresiones de su genio, como muchas veces se ha dicho. Pero acaso no sean las más genuinas, porque algo hay ya en ellas que revela el recodo del camino. Una iglesia románica, un poema provenzal de amor, una carta de Abelardo o el *Cantar de mio Cid* acaso sean testimonios más fieles de este tiempo que madura, pero que todavía no ha madurado. Su maduración será su momento más alto, y el momento también del agotamiento de su singular y espontánea fuerza de creación.

1) Los elementos de realidad

El Imperio carolingio fue una vasta creación política, admirable por la deliberada voluntad con que se atendió a su construcción, pero falta de ese espontáneo sentimiento de perduración que constituye la prueba de la legitimidad histórica de una empresa de esa envergadura. Más que una creación, el imperio organizado por Carlomagno fue una restauración, construida sobre la base de algunos elementos reales y muchos elementos adventicios proporcionados por el recuerdo, lleno de prestigio, de la Roma secular. Cuando el creador desapareció, desapareció con él la formidable influencia personal que ejercía, y que hacía decir al poeta de la *Canción de Rolando*: "Si se pregunta por él, no es necesario señalarlo"; la obra que había realizado con tanto esfuerzo y tan sostenida voluntad empezó en seguida a desmoronarse y poco después no quedaba de ella sino una sombra cada vez más esfumada.

Y, sin embargo, el imperio había sido una aspiración vehemente y había provocado un justo orgullo en sus artífices y una sensación de seguridad en los súbditos. Pareció una necesidad impostergable, cuando se advirtió el peligro de la amenaza musulmana y, en efecto, respondió a ella eficazmente fijando una frontera segura. Pero, precisamente, la desaparición del poder de agresión de los musulmanes restó al imperio una de sus razones de existir. Protegidos por la marca de España y defendidos por la constante militancia de los asturleoneses, los señores del imperio consideraron que nada justificaba la disminución de autoridad que implicaba la del emperador, empezando por los propios hijos de Luis el Piadoso, que dieron los más rudos golpes a la unidad imperial.

Por lo demás, el Imperio carolingio tropezaba con serios inconvenientes para su perduración. Las condiciones de la realidad se oponían a la subsistencia de una vasta unidad administrativa, sobre todo por la creciente disminución de la capacidad técnica que se advierte en el ámbito occidental desde los tiempos del bajo Imperio. Ya entonces el índice de la eficacia práctica había disminuido considerablemente, y el proceso no hizo sino acentuarse con el tiempo. La construcción y la conservación de los caminos, la regularidad y seguridad de los transportes marítimos, el ajuste de los órganos administrativos, la unidad de acción de los diversos cuerpos militares, la elástica compensación de los regímenes económicos de las diversas regiones: todo ello había dejado de tener la precisión que poseyera durante los primeros tiempos del Imperio romano, y esa creciente desorganización era incompatible con un régimen centralizado que debía ejercer su acción sobre un vastísimo territorio. Las invasiones no hicieron sino acentuar ese proceso, profundizando la inconexión entre las distintas áreas, restringiendo su desarrollo comercial, asentándose sobre una economía eminentemente rural y, sobre todo, dejando perder los últimos vestigios de la capacidad técnica que antaño caracterizara a los romanos. En el curso de dos o tres generaciones, los restos de un precioso saber, referido al ejercicio de la administración y fomento de la vida económica y conservado por la tradición, se fueron perdiendo por la falta de ejercicio. Y a este panorama debió agregarse poco después la interrupción de las comunicaciones marítimas por el Mediterráneo, debida al predominio de las naves musulmanas, así como también un distanciamiento creciente entre los estados romanogermánicos y el Imperio bizantino, en el que la continuidad de la cultura antigua hubiera podido proporcionar algunos de los elementos de que carecían las nuevas minorías dominadoras en el Occidente.

En estas condiciones, el Imperio de Carlomagno no podía ser duradero. A su inmenso y permanente esfuerzo personal se debió cierta transitoria aglutinación, asegurada antes por la mera fuerza de las cosas y la inercia de un sistema prudentemente conservado; pero cuando su férrea voluntad faltó en el gobierno, las fuerzas disgregatorias no tuvieron ya freno y consumaron la subdivisión del ámbito político carolingio en tantas pequeñas unidades como jefes hubo capaces de asentar su autoridad personal sobre situaciones de hecho.

Ya se han señalado esas situaciones de hecho. Las segundas invasiones no se produjeron en un momento dado, como las invasiones germánicas del siglo v, ni por obra de un pueblo unido y compacto obrando sobre un vasto frente, como la invasión musulmana de los siglos VII y VIII. Eran ahora pequeñas bandas —de húngaros, de musulmanes, de normandos— que atacaban sorpresivamente una localidad o una región circunscrita con propósito de saqueo. Nada se podía prever, porque era toda la periferia del Imperio carolingio la que estaba amenazada día por día, y porque los focos de dispersión de los invasores eran numerosos y lejanos. La respuesta a la agresión fue ahora tan rigurosamente ajustada a la realidad como lo fuera en la época de Carlomagno. Si a un enemigo compacto y operando sobre un frente correspondía la unificación, a una multiplicidad de enemigos que se presentaban sobre innumerables frentes correspondía la dispersión. Así sucumbió el imperio y surgieron los señoríos, vagamente organizados dentro de un sistema de reinos, cada uno de los cuales constituía más una virtualidad que una fuerza efectiva.

Lo que siguió al proceso de disgregación que se opera en el curso del siglo IX fue una lucha universal por el predominio en las diversas regiones. Poderes *de facto*, los de los señores no reconocían con frecuencia otro límite jurisdiccional que el que les asignaban sus propias fuerzas, y cada uno de los magnates procuraba acrecentar el suyo con el esfuerzo de su brazo. Por una parte, interesábale extender su autoridad política; pero acaso más le interesaba apoderarse de la tierra en cuanto usufructuario de ella, mezclándose durante mucho tiempo en su jurisdicción los rasgos del derecho público y los del derecho privado. Prácticamente era cada señor rival nato de su vecino, y nada podía considerarse estable dentro de un orden en el que todo dependía de la eficacia militar de los señores. De tal modo, a la antigua unidad política siguió una infinita parcelación del poder, y el antiguo anhelo ecuménico se proyectó hacia el plano ideal, en el que la cristiandad constituía la única unidad concebible, representada, sí, por el papado, que vería crecer su fuerza por esa misma causa.

En el transcurso del periodo que siguió a las segundas invasiones, el régimen señorial se afianzó y consolidó. Las áreas políticas tendieron a cerrarse económicamente más y más, y la producción, reducida al mínimo, quedó confiada a los colonos y los siervos, entre los cuales la división del trabajo tenía caracteres muy rudimentarios. Sólo en las ciudades comenzó poco a poco a desarrollarse otro tipo de actividad económica, controlada y usufructuada también por los señores en cuya jurisdicción estaba la ciudad. Pero de allí habrían de salir con el tiempo las fuerzas que carcomieran la posición de los señoríos. Entretanto, la única potestad que se levantaba sobre cada señor era aquel otro señor de quien era vasallo y, finalmente el rey, cuya autoridad sólo se ejercía a través de la escala jerárquica, y cuyo poder efectivo no era muy grande fuera de su propio señorío. Sólo a partir del siglo XII comienza la monarquía a anotarse algunos triunfos, muy ligeros por cierto y que no la autorizaban a sacar de ellos ventajas muy notables. Más importantes serán los que obtenga en el siguiente, cuando la estructura de los reinos dejara de ser esencialmente feudal.

2) Los caracteres generales de la cultura durante la alta Edad Media

Los albores de la alta Edad Media vieron el retroceso de los ideales cristianos, tras el avance y casi el triunfo que para ellos significó la ordenación del Imperio carolingio. La Iglesia había logrado entonces superponer la defensa de la cristiandad a los intereses políticos inmediatos, y había conseguido con ello acrecentar su influencia y enaltecer los valores que defendía. Como los musulmanes —ante cuya ofensiva tendían a unirse los cristianos— también éstos comenzaron a sentir que el heroísmo no valía tanto por sí mismo como por los objetivos en cuya defensa se ponía de manifiesto. Y esos objetivos eran, precisamente, el triunfo de una fe cuya esencia no residía en la vida activa, sino en la vida contemplativa, lo cual entrañaba una contradicción lo suficientemente profunda como para que se necesitara un largo plazo para superarla y establecer sólidamente las bases de una conciliación.

Ese plazo no fue, empero, suficientemente largo. El Imperio carolingio se deshizo ante la presión de las circunstancias, y los impulsos primigenios pudieron más que la sutil construcción mediante la cual se procuraba arrebatarle la supremacía. Y cuando comenzaron a producirse los distintos fenómenos que concurrieron a la instauración del orden feudal, el sentimiento heroico de la vida volvió a florecer en las aristocracias al calor de las exigencias cotidianas que, en efecto, hacían del heroísmo la más importante de las virtudes.

Apenas quedaba reposo en la lucha constante contra el enemigo, y el caballero que ejercitaba constantemente su brazo en la defensa de su señorío y en la defensa de toda la colectividad que se había acogido a su protección recibía la unánime aprobación de quienes no esperaban de él sino su defensa eficaz. Muy pronto su figura y el recuerdo de sus hazañas habrían de adquirir caracteres de leyenda, difundidos a través de los cantares que empezaban a repetirse con excelente acogida entre auditorios diversos. Así se perfilaron, esquematizando y simbolizando sus virtudes, las figuras de Carlomagno, de Rolando, de Ruy Díaz, de Fernán González, de Raúl de Cambrai, de Guillermo de Tolosa, de Sigfrido o de Ogier el Danés. En todos ellos brilla la audacia, la desmesura, el esfuerzo sobrehumano, el valor ilimitado, el ansia de gloria. La espada es el signo del caballero y el combate su única justificación. Ningún lugar queda en su corazón para la contemplación de Dios, a quien honra exteriormente, pero desobedece en el fondo o lo desconoce, en cuanto vive una existencia alejada de sus enseñanzas.

Este renacimiento del espíritu heroico caracteriza toda la alta Edad Media, que bien podría llamarse la época feudal por excelencia. Son numerosos los signos del renacimiento germánico que aparecen en ella, y entre todos el sentimiento de la hazaña individual ocupa un lugar preferente. Y la indiscutible preeminencia de las minorías guerreras, justificada por la situación real, proporciona a la vida de los comienzos de esa época un tono fuertemente pagano.

Ya se verá cómo, poco a poco, reconquistó el cristianismo su ascendiente por un proceso semejante al que se había producido a fines de la temprana Edad Media. Pero si eso fue posible, se debió a que el cristianismo no abandonó nunca el campo y mantuvo ciertos reductos inexpugnables, especialmente entre las clases no privilegiadas. En ellas no había lugar para el sentimiento heroico ni ocasión para la exaltación guerrera, pues el combate les estaba vedado en cuanto tenía de glorioso. Y en la constante y penosa labor de todos los días, hallaban, en cambio, estímulo para una esperanza que se situaba fuera de la dura realidad que parecía inmutable.

Fueron las clases humildes las que conservaron y alimentaron el sentimiento cristiano, irradiado desde los monasterios sobre todo, en los que la caridad encontraba el único reducto. La ayuda y el consuelo, tan escasos o remotos como pudieran ser, constituían acaso la única satisfacción que los grupos no privilegiados recibían en una sociedad basada en la desigualdad jurídica y en el reinado de la fuerza. La Iglesia capitalizaba esa adhesión acrecentando la importancia social de los monasterios y robusteciendo el sentimiento cristiano, como había de ponerlo de manifiesto el sentimiento apocalíptico y, sobre todo, el extraño suceso que se conoce con el nombre de cruzada popular.

Es bien conocida la frenética exaltación que se apoderó de las masas populares a fines del siglo XI con motivo de la predicación del papa Urbano II convocando a la guerra contra los infieles. La convocatoria, naturalmente, estaba dirigida a la nobleza, la única fuerza con que podía contarse para obtener un resultado satisfactorio en la ardua empresa de luchar contra un ejército de excelente calidad como el de los seldyúcidas; pero en tanto que la nobleza reaccionaba lentamente y procuraba solucionar, antes de partir, los múltiples problemas que ataban a los diversos señores, las masas populares comenzaron a marchar en enloquecida peregrinación hacia la muerte. La calidad de las armas y los bagajes, la despreocupación por cuanto fuera preparación militar y dirección estratégica, el tono de sus conductores, Pedro el Ermitaño y Gualterio Sin Haber, y múltiples detalles de la aventura revelan la presencia de una extraña exaltación, de un vehemente deseo de morir por la fe, de un esperanzado apremio por llegar a un mundo de bienaventuranza que parecía ya al alcance de la mano. Este sentimiento era la primera irrupción de una ola de fervor preparada lentamente por la Iglesia, favorecida por la nueva agresión de los musulmanes, y destinada a prender finalmente en el ánimo de la aristocracia.

Lo que nacía, efectivamente, era el espíritu de cruzada, acaso uno de los rasgos más significativos de la alta Edad Media. Si al principio habíase producido un renacimiento germánico, la Iglesia no tardó mucho en volver a canalizar la concepción heroica de la vida para tratar de someterla nuevamente a sus dictados, para lo cual fue una circunstancia favorable la reanudación de la guerra santa impulsada por los seldyúcidas. Por lo demás, la época era ya un poco más estable Los musulmanes de España habían perdido fuerza tras la disolución del califato de Córdoba, los húngaros y eslavos habían sido contenidos, los normandos se habían arraigado en Inglaterra y en las Dos Sicilias, y los reinos feudales tendían a robustecer lentamente su organización. Si la épica heroica comienza a difundirse en el siglo XII es, precisamente, porque algo había en sus contenidos que empezaba a quedar atrás. Superábase la situación de los barones aislados contra un enemigo extraño, y así como la monarquía comenzaba a realizar ingentes esfuerzos por ordenar su régimen, la Iglesia veía llegado el momento de avanzar. El espíritu de cruzada se forjó en las postrimerías del siglo XI, pero campeó como un elemento director de la conducta durante el XII y el XIII.

El objetivo del caballero no debía ser ya, solamente, la hazaña por la hazaña misma, la desmesura, la conquista y la gloria. Todo eso, resultado de un impulso primigenio, veíase constreñido por segunda vez en la historia de la cultura medieval por la imposición de un ideal superior a cuyo servicio era menester ponerlo. El objetivo ahora trascendía al individuo; era la conquista del Santo Sepulcro, la defensa de la fe, la destrucción de los infieles, hasta la destrucción de los herejes surgidos en el seno mismo del mundo cristiano. Si el individuo había de alcanzar una gloria excelsa, había de ser en la medida en que sirviera esos objetivos, como un Godofredo de Bouillon, como un San Luis. Y en la elaboración de la leyenda épica, el poeta, muchas veces clérigo e inspirado por el espíritu de un monasterio, introducía en el carácter del héroe un elemento previsto por este tiempo de cruzadas, de subordinación del heroísmo a la fe. Así creció la figura de Carlomagno, la del Cid, la de Fernán González, la de Rolando, y así aparecieron luego la de los cruzados en las crónicas numerosas a que dio lugar la prodigiosa aventura.

Porque sería inexacto omitir en la descripción de esta transformación del espíritu de las aristocracias de la alta Edad Media la significación que tuvo el encanto de la aventura. Hasta entonces, la lucha señorial se caracterizaba por la estrechez de su horizonte. El enemigo era el extranjero desconocido que llegaba y volvía a partir sin dejar huella de su paso, o el vecino con quien la reyerta empezaba a tener el monótono carácter de una querella familiar. Nadie sabía qué comenzaba más allá del bosque o la colina, más allá del mar casi desconocido. La ignorancia había poblado la lejanía de misterios, y la imaginación se prestaba a recibir las más absurdas noticias acerca de lo que constituía el mundo remoto. Cuando empezaron a llegar las noticias de las aventuras del rey Artús y de sus pares a tierra de Francia, cuando el África y el Asia musulmanas comenzaron a abrir sus secretos, cuando el lejano mundo nórdico empezó a revelarse a través de los reinos normandos, aquellos señores acostumbrados a luchar con sus vecinos descubrieron la posibilidad de un vasto y más apropiado escenario para su grandeza. Tras mucho tiempo de rigurosa incomunicación, los señores del occidente de Europa empezaron a soñar con ejercitar su brazo en ambientes llenos de misterioso encanto y seguramente pletóricos de riquezas y aventuras. Fue lo mismo que, poco después, impulsó a misioneros y mercaderes, lo mismo que poco antes movía ya a los clérigos goliardos y a los estudiantes apasionados por el saber a errar de ciudad en ciudad buscando en cada una la inesperada novedad, el signo de un mundo insospechado, la idea desconocida, la joya nunca vista, el ritmo desusado y hasta la faz casi inconcebible para ellos del sarraceno. Todo el trasmundo misterioso, la realidad incognoscible, parecía poder ofrecer su signo escondido en un recodo, más allá de la colina, donde nada se oponía a que se escondiera el trasgo o la hechicera, el monstruo o el palacio encantado. Cada caballero era un Lancelot en potencia, un Boemundo, un Tancredo, un Ricardo Corazón de León.

Pero no sólo el espíritu de cruzada y de aventura modificó la concepción heroica de la vida. También el espíritu cortesano comenzó a aparecer como resultado de una pertinaz prédica en favor de un endulzamiento de las costumbres, que caía sobre terreno propicio en algunos lugares donde ya había llegado la delicada influencia de las cortes musulmanas. Poco a poco, las ásperas fortalezas comenzaron a acoger una sociedad menos obsesionada por la guerra y los señores sintieron el halago de una vida menos feroz que aquella que vivían. Sin duda, además de la influencia musulmana, fue la de la Iglesia la que contribuyó a enaltecer la significación de la mujer, con cuyo predominio aparecieron costumbres y formas de vida muy diversas de las que antes prevalecieran. Leonor de Aquitania, la protectora de Bernard de Ventadorn, María de Champagne, la inspiradora de Chrétien de Troyes, y tantas otras damas nobles proporcionaban el ejemplo de cómo organizar una forma de convivencia más delicada que la de los barones mitad guerreros y mitad salteadores. Ellas representaban el espíritu, la gracia, y sobre todo el primado del amor, amor terreno sublimado en el que se reflejaba el amor divino. A su alrededor el héroe se transformaba en caballero cortesano y sus virtudes dejaban de ser solamente las del puro valor viril para combinarse con las del espíritu. Elegancia, gracia, finura eran prendas que brillaban tanto en el caballero como su habilidad o su fuerza en el combate o en el torneo. Artús o Lancelot comenzaban ahora a ser los modelos predilectos de los caballeros, como en otro tiempo el fiero Rolando.

Tal era la curva que describía la sociedad aristocrática, reflejada en el desarrollo de la épica y de la lírica. Entretanto, comenzaba a desgajarse de la férrea estructura economicosocial del feudalismo una clase social nueva, la burguesía, que crecería muy pronto y aceleraría el próspero desarrollo de las ciudades, generalmente con el apoyo de los reyes. Para ella el trabajo y la riqueza eran los valores supremos, alimentados por cierto realismo de poco vuelo que bien pronto pondría de reflejo el naciente teatro profano. Pero el trabajo se orientaba también hacia la actividad intelectual, y de su seno había de salir buena parte de la clase de los letrados, eclesiásticos y laicos, que brillaron durante los dos grandes siglos de la cultura de la alta Edad Media, el XII y el XIII. Ellos dieron brillo a las universidades, crearon el vasto monumento de la escolástica y trabajaron por la reordenación de las formas de convivencia apoyando a una monarquía que debía regirse según las sabias prescripciones del derecho romano, desenterrado por ellos y difundido en las escuelas. Era el de la burguesía un sentimiento popular, que acaso no tenía muchos puntos de contacto con el de las clases que quedaban aún enclavadas dentro del régimen señorial, pero que coincidía con él en la aversión a la prepotencia de los nobles.

Ese sentimiento popular había de diferenciarse más tarde, pero presentaba por entonces el típico carácter de una evasión. Mientras los más humildes y desamparados se refugiaban en la esperanza de otra vida mejor, la burguesía empeñaba una lucha por el predominio en el terreno de las realidades, sin temor a los fracasos y con cierta oscura conciencia de su fuerza. El dinero fue su arma de combate, y fue también uno de sus mejores instrumentos de expresión. Gracias a él surgieron las catedrales y los ayuntamientos, la vasta red comercial, las ciudades populosas, fuerzas todas destinadas a quebrar el orden feudal. Cristiano en el fondo, ese sentimiento popular se alejó, sin embargo, de la realidad que se le ofrecía como dada e imbatible y buscó la emancipación con su propio esfuerzo, seguro de lograrla.

3) La imagen del universo. El saber

El triunfo del sentimiento cristiano fue decisivo, pues, en la alta Edad Media; pero, en tanto que en las clases aristocráticas perduraban otras influencias que habían reverdecido durante la época de las segundas invasiones, en las clases no privilegiadas mantenía aquél un ininterrumpido vigor desde la temprana Edad Media. En ellas, pues, floreció en los siglos XI, XII y XIII, y gracias a ellas se obtuvieron los sazonados frutos que hacen de esa época el momento más brillante y coherente de la cultura medieval.

El rasgo más característico es la presencia del trasmundo saturando toda la concepción de la vida, toda la interpretación de la realidad, todo el problema de la conducta. Era, por una parte, el trasmundo de después de la muerte, y por otra, cierto mundo de misterio que asomaba a cada instante por los rincones de la realidad inmediata, imprimiéndole un vago aire de misterio y sorpresa.

El mundo de después de la muerte, con su infierno, su purgatorio y su cielo, había sido imaginado muchas veces antes de que Dante le proporcionara, en las postrimerías de la Edad Media, los rigurosos perfiles con que aparece en la *Comedia.* La *Visión de San Pablo* y el *Viaje de San Brandán* en el siglo XI, la *Visión de Túndalo*, el *Purgatorio de San Patricio* y la *Visión de Alberico* en el XII, así como el *Viaje al Paraíso* de Baudoin de Condé y el *Sueño del Infierno* de Raoul de Houdenc, nos muestran cuánto se pensaba en el misterio del vago mundo que esperaba al hombre para morada eterna. Era seguramente el tema que más interés despertaba en el auditorio de los predicadores, y alrededor de él gira la obra de Joaquín de Fiore, el ferviente y semiherético monje calabrés fundador del grupo de los *Espirituales*, una de cuyas obras fundamentales desarrolla el comentario del Apocalipsis. Poco antes, los inquietantes signos del fin del mundo habían sido esculpidos con honda dramaticidad en los capiteles del claustro del monasterio de Silos y seguían siendo tema predilecto de otros imagineros. Y Jacopone da Todi y Jácopo da Varàgine exaltaban con sus visiones del más allá a aquellos a quienes embargaba por entonces la misteriosa tradición del Santo Grial, difundida en numerosas versiones por distintos países.

Pero al mismo tiempo el trasmundo se manifestaba a los ojos por medio de los elementos fantásticos que creía descubrirse entreverados con la realidad. Leyendas musulmanas y sobre todo bretonas comenzaban a difundirse por el Occidente europeo, en las que se hablaba de cosas antes inauditas. No sólo se sospechaba un mundo semimágico construido sobre la vaga reminiscencia de Bagdad, de Samarcanda y de El Cairo, lleno de posibilidades insospechadas, como el que reflejaba Juan Bodel en el *Juego de San Nicolás* y difundían los cantares y las crónicas de las cruzadas, sino también un mundo absolutamente fantástico, poblado por monstruos y en el que lo inimaginable se tornaba verosímil, como el que revelaban las leyendas bretonas del rey Artús y de sus pares. El milagro familiarizaba al espíritu con lo irreal, y nada podía sorprender en el encuentro con el monstruo, en las voces del bosque, en el arcano de los mares. Una intensa curiosidad despertaba el anhelo de la aventura, y algo de eso se combinaba con la fe para mover al peregrino y al cruzado a abandonar sus lares en busca de tierras lejanas. Por lo demás, el misterio podía esconderse en cualquier rincón del contorno familiar, en el castillo presumiblemente encantado o en el hada visitante. Porque el misterio último del mundo escondido tras la muerte llevaba al ánimo la certidumbre de que sólo apariencia de realidad era lo que veían los ojos. ¿Quién creyera lo que contaba Giovanni Pian del Carpine, o lo que relataba Marco Polo en *Il millione*? Y sin embargo, cosas más misteriosas podían revelar la voz del ruiseñor o suscitar el filtro encantado.

En otro plano, el trasmundo constituía una realidad que era necesario definir con precisión, y la teología consideraba que era ésa su misión primordial. A partir del siglo x advirtióse cierta actividad intelectual, que recibió más acentuado impulso en los centros cluniscenses, en la escuela de Reims, reverdecida por influencia de Gerbert d'Aurillac, en la de Chartres, que había de ser el baluarte de lo que se llamó el Realismo, en la de Lieja y en la de Aix-la-Chapelle, protegida por Otón III. Poco después comenzaron a sistematizarse los estudios en las universidades, en las que, al lado de la teología, se estudiaban la filosofía, el derecho, la medicina y las siete artes liberales. Así surgieron la de Parma en 1100, la de París en 1120, la de Oxford y la de Montpellier en 1130, la de Cambridge en 1209, la de Padua en 1222, la de Nápoles en 1224, la de Salamanca en 1230, y otras poco a poco en numerosas ciudades.

El núcleo de los estudios fueron en esta época los problemas teológicos, al servicio de cuya elucidación estaba la filosofía. A partir del siglo XI se centraron las preocupaciones en el llamado problema de los universales, esto es, de los conceptos, frente al cual se adoptaron dos posiciones antagónicas. Mientras la escuela de Chartres, de orientación fuertemente agustiniana, defendía la posición realista (*Los conceptos son cosas*) en cuya defensa brillaron San Anselmo y Guillermo de Champeaux, por su parte Roscellino de Compiègne sostuvo la tesis nominalista (*Los conceptos son voces*). Tan simple como pueda parecer este antagonismo, sus implicaciones conducían al corazón de los problemas fundamentales de la doctrina, pues la posición de Compiègne, llevada a sus últimas consecuencias, comprometía la comprensión de los misterios de la fe. Así, del campo de la mera especulación, el antagonismo trascendió a la lucha práctica. Los franciscanos fueron ardientes defensores del realismo; los dominicos tomaron partido por el nominalismo, en cuyo desarrollo influyó notablemente el conocimiento de Aristóteles, que empezaba a circular gracias a las traducciones realizadas por árabes y judíos. Pero muy pronto surgieron también las tesis conciliatorias, como las de Abelardo, Gilberto de la Poiré, Pedro Lombardo, y sobre todo las que, ligeramente inclinadas hacia el nominalismo, ordenó Santo Tomás dentro de un sistema monumental.

De este modo quedó fundada la escolástica, un método de discusión de los problemas basado en el principio de la fundamentación y la refutación de las opiniones —no en el descubrimiento de nuevas verdades—, con el que se procuró llevar hasta sus últimas consecuencias el conjunto de nociones dogmáticas sostenidas por la fe. Pues Anselmo de Cantorbery había afirmado en la aurora del renacimiento filosófico del siglo XI el principio radical del pensamiento cristiano:

Credo ut intelligam, esto es, creo para luego entender lo que creo por el camino de la razón.

El florecimiento de la escolástica corresponde al siglo XIII, en el que desarrollaron su pensamiento dos filósofos de orientación agustiniana —y de la orden franciscana—, Alejandro de Hales y San Buenaventura, y dos filósofos de orientación aristotélica —y de la orden dominica—, Alberto Magno y Santo Tomás de Aquino. El predominio de una concepción sistemática condujo a estos últimos a la construcción de vastas enciclopedias del saber teológico, las *Sumas*, que constituyeron, en cierto modo, los documentos de ciertas posiciones irreductibles.

Una tendencia semejante a la ordenación enciclopédica del saber se advirtió en el campo del conocimiento profano. De esta misma época son los *Espejos* de Vicente de Beauvais, el *Tesoro* de Bruneto Latino, el *Setenario* de Alfonso el Sabio, el poema enciclopédico de Cecco de Ascoli y hasta el *Thezar* del trovador provenzal Peire de Corbiac. Porque, paralelamente al vasto desarrollo del saber teológico habíase manifestado un desarrollo no menos intenso del saber profano, gracias sobre todo a la vasta labor de los traductores como Adelardo de Bath, Stefano de Pisa, Miguel Scott, Herman Alemán, Domingo Gundisalvo y Gerardo de Cremona que, en colaboración con árabes y judíos, habían trabajado tenazmente en la versión de Platón, Aristóteles y Euclides, las obras árabes de medicina y las de Avicena especialmente, los tratados de matemáticas, óptica, alquimia y ciencias naturales, así como obras sueltas de diversos temas, especialmente literarios y filosóficos.

Gracias a este movimiento, cuyos centros fueron no sólo algunas ciudades del Oriente, sino también otras de España y del sur de Italia, diversas disciplinas se renovaron hasta sus raíces, y se hizo posible la aparición de figuras ilustres en diversas especialidades, como Pedro Peregrino, Pedro Hispano, Arnaldo de Vilanova y Raimundo Lulio. Un fuerte movimiento científico y orientado hacia la ciencia experimental apareció en el siglo XIII en Inglaterra —en el seno de los franciscanos—, en el que brillaron Adam de Marchs, Roberto Grosseteste y, sobre todo, Roger Bacon. Si esta corriente modificó el panorama del saber profano, no dejó de tener influencia en el saber teológico, sobre todo debido al conocimiento de Averroes, cuyas doctrinas hicieron numerosos adeptos, entre los cuales se destacó Siger de Brabante, y ejercieron poderosa influencia sobre pensadores radicalmente ortodoxos.

Pero en el averroísmo, como en la difusión del conocimiento científico, se escondía una tendencia a señalar un doble camino para el conocimiento de la verdad: uno orientado por la revelación y otro orientado por la naturaleza. Si, precisamente, el fin de la cultura de la alta Edad Media está señalado por cierta percepción de la crisis del orden tradicional, se debe en gran parte a los progresos que esta idea hizo en muchos espíritus, rompiendo el sistema de certidumbre sobre el que vivió la alta Edad Media.

Por lo demás, correspondía a esta crisis una exaltación del sentimiento religioso que tendía a apartar a muchos de las vías cada vez más racionales que la teología adaptaba. En el campo de las creencias populares, aparecieron numerosas herejías cuyo signo era el retorno a la verdad simple y pura del Evangelio, con prescindencia de todo el vasto aparato de saber intelectual que la escolástica había construido, y con prescindencia también del vasto aparato de poder que la Iglesia significaba y que había adquirido una desmesurada importancia a lo largo del duelo sostenido por el papado y el imperio. Los patarinos, los partidarios de Pedro de Bruys, de Enrique de Lausana, de Pedro de Valdo y, sobre todo, los cátaros o albigenses, arrastraron tras sí considerable número de fieles que desdeñaban la organización eclesiástica y se consideraban capaces de aproximarse a Dios con el solo esfuerzo de su fe y su conducta evangélica. La Iglesia combatió estas sectas con energía. Si en algunos casos, como originariamente con los franciscanos, logró atraerlas y encarrilarlas, en otros no vaciló en destruirlas con un rigor a veces brutal, como el que puso de manifiesto en la represión de los albigenses. Pero esta energía era, al mismo tiempo, un signo de debilidad. La Iglesia acusaba el impacto de los heréticos en su propio seno, como había acusado el de los ateos epicúreos que florecieron en Italia —como Farinata, Cavalcanti y Federico II, para no señalar sino aquellos que Dante recuerda— y el de los teóricos que comprometían la estabilidad del dogma, como Roscelino, Abelardo, Arnaldo de Brescia, Gilberto de la Poiré, Amaury de Bené y Siger de Brabante. Eran heridas profundas, y la Iglesia entró muy pronto en este estado de crisis que la caracterizará durante la baja Edad Media y que testimonian el Cisma de Occidente, el movimiento conciliar y, sobre todo, las duras invectivas que en el momento de transición entre la alta y la baja Edad Media profirió Dante Alighieri en la *Comedia.*

4) El orden universal. Imperio y papado

También señala Dante —en la *Comedia* y en *De Monarchia*— la crisis en que se halla en su tiempo el orden imperial, responsabilizando al papado de haber obstaculizado el cumplimiento de su misión. Imperio y papado —es bien sabido— eran las dos potestades que representaban la aspiración unánime a un orden universal, sentimiento que en la alta Edad Media poseía extraordinario vigor. Acaso por las mismas razones que en los siglos anteriores, pero también por la experiencia recogida dentro del orden feudal, se acariciaba la esperanza de que por sobre la inestable multitud de señoríos se elevara una autoridad eficaz capaz de introducir un principio regulador en la convivencia recíproca. El ejercicio de una alta justicia, insobornable e incontaminada por los apetitos y ambiciones, parecía la misión propia del emperador, cuyos remotos modelos eran las figuras de Constantino o de Carlomagno. Pero como en la práctica la instauración de un poder imperial unánimemente reconocido parecía ilusoria —y más aún desde que la corona se depositó en manos germánicas—, la aspiración a un orden universal regido por una autoridad ajena a las alternativas de la lucha política se orientó hacia el papado.

En principio, el papado aceptaba esa responsabilidad y aspiraba expresamente a una función reguladora que el imperio también recababa para sí. Pero si en el siglo IX el imperio se hundía y se mostraba impotente para realizar su misión, el papado no se hallaba en mejores condiciones, falto de apoyo secular para imponer sus decisiones. La ventaja del papado fue su perduración cuando el imperio desaparecía del escenario. Nicolás I (858-867) pudo afirmar sus aspiraciones a la autoridad universal, tanto espiritual como terrenal, utilizando por cierto las decretales fraguadas, que por entonces se pusieron en circulación, bajo la autoridad de San Isidoro. Lo mismo hicieron sus sucesores, y gracias a ello la ilusión de que el pontificado llegaría a ser el poder regulador de la cristiandad se afirmó en los fieles.

Si esa ilusión no se transformó en realidad inmediatamente, pese a las condiciones excepcionalmente favorables, fue por la oscura política que siguió el papado durante los siglos IX y X, arrastrado por la política italiana y las intrigas del patriciado romano, y por la ausencia de un apoyo militar. La creación del Santo Imperio en el siglo X, fuera del reconocimiento que implicaba de la potestad del pontífice para otorgar la corona imperial, pareció que podría proporcionarle el brazo armado que la Iglesia necesitaba. Pero acaso aun así no se hubiera realizado su designio de no haberse producido, en el siglo X, el movimiento de depuración que encabezó la orden de Clunny y que devolvió al papado la autoridad moral que había perdido. En efecto, bajo la dirección de los monjes de esa orden se restauró la disciplina eclesiástica y poco después se delineó una política destinada a la conquista de la autoridad universal para el papado, a cuyo servicio debía estar la autoridad del emperador.

La organización del sistema de elección secreta para los pontífices, resuelta por el papa Nicolás II bajo la influencia del monje Hildebrando en 1059, sustrajo definitivamente al pontificado de la influencia germánica y preparó el camino para la política que el propio Hildebrando seguiría como pontífice cuando llegó al papado en 1073 con el nombre de Gregorio VII. Comenzó entonces la lucha entre el pontificado y el imperio con la llamada Querella de las investiduras, a través de la cual quedaron en evidencia las dos posiciones antagónicas.

En efecto, el papado, sostenido por juristas y teólogos —como Manegold de Lautembach— sostuvo no sólo su jurisdicción para designar obispos, que era el asunto concreto de la querella, sino también su autoridad suprema sobre la tierra, emergente de la indiscutible superioridad de la autoridad espiritual sobre la temporal. Si el concordato de Worms (1122) admitió la jurisdicción religiosa del papado, en modo alguno concedió el imperio su aprobación a la tesis política que sostenía el papado, pese a lo cual la Iglesia continuó defendiéndola con extraordinaria tenacidad y con el apoyo de ilustres figuras como San Bernardo de Clairvaux, Juan de Salisbury, Graciano, jurista de la universidad de Bolonia y autor del *Decreto* en el que se sistematizaban las fuentes legales en que la Iglesia fundaba sus aspiraciones, y tantos otros.

Pocos años después de la época en que escribían los dos primeros, el conflicto volvió a adquirir cierta violencia debido a la política italiana del emperador Federico Barbarroja, decidido a someter a su autoridad a las ciudades lombardas. Para entonces, la potestad imperial había relevado su debilidad interior, y el papado, en cambio, había ascendido considerablemente, de modo que sus aspiraciones territoriales habíanse acentuado. El papado entró activamente en la lucha política estimulando en todas partes a los enemigos de Federico —los güelfos—, que de ese modo se convirtieron muy pronto en un partido organizado en defensa de la autoridad papal contra el imperio, sobre todo en Italia. Allí pudo el papa Alejandro III (1159-1181) organizar la resistencia de las ciudades lombardas, cuyas fuerzas vencieron a Federico en Legnano (1176) y lo obligaron a abandonar sus pretensiones de fomentar un cisma y discutir la autoridad pontifical. Y en la entrevista de Venecia, al año siguiente, Federico se prosternó ante Alejandro III y recibió el beso de la paz.

El triunfo del papado se consolidó —definitivamente, en apariencia— durante el pontificado de Inocencio III (1198-1216), pero fue puesto a prueba muy pronto por la altiva política del emperador Federico II y por la creciente independencia de los Capetos. Si en teoría parecía sobreponerse a la rivalidad del imperio en cuanto a la supremacía universal, en la práctica los reinos nacionales escapaban a su vigilancia, y podía comprobarse que la polémica entre las dos potestades había terminado por anonadar a quienes soñaban con un orden universal.

Ésta era, en efecto, la actitud del más grande y elocuente testigo de esta crisis, Dante Alighieri, en cuya indignación contra el papado y el imperio puede verse, sobre todo, la melancolía que le produce la frustración de las más caras esperanzas de su época. Su premisa indiscutible es la imperiosa necesidad de un orden universal, de una justicia suprema colocada por encima de los intereses inmediatos, aspiración ésta que correspondía a la inquietud general que produjo durante la alta Edad Media la indefinida fragmentación del poder político. El problema residía en las aspiraciones encontradas de dos altas potestades a investir la autoridad suprema, cada una de las cuales podía presentar en su favor múltiples argumentos igualmente válidos. Güelfos y gibelinos —partidarios del papado y del imperio respectivamente— fundaban sus pretensiones en sólidas tradiciones y en valiosos antecedentes jurídicos é históricos, pero ninguno de los dos bandos pudo echar en la balanza una fuerza suficiente para resolver de hecho la disputa.

Esta última circunstancia merece ser considerada atentamente. En rigor, la aspiración a un orden universal, alimentada por el recuerdo del Imperio romano, se superpuso durante toda la Edad Media por encima de una situación real incompatible con ella. La división del territorio del Imperio de Occidente en reinos locales y su ulterior fragmentación en señoríos no fue superada sino ocasionalmente por Carlomagno y apenas alcanzó a ser disimulada por los emperadores alemanes. El imperio no fue en ningún momento, durante la Edad Media, ni una realidad, ni siquiera una virtualidad verosímil. Sólo cabía la posibilidad de lograr una unidad espiritual, la de la cristiandad, o al menos la de la cristiandad occidental, y esa posibilidad correspondía exclusivamente al papado. Ahora bien, aferrado a las perspectivas que abría la supuesta donación de Constantino y la efectiva entrega de territorios realizada por los carolingios, el papado fue alimentando cada vez más decididamente la aspiración a transformar su autoridad espiritual en una autoridad terrenal. De allí la enérgica condenación de Constantino por Dante, cuya supuesta donación considera el germen de todos los males de su tiempo.

El papado, en efecto, triunfó en la instauración de cierto orden universal mediante la organización de la jerarquía eclesiástica, de las órdenes monásticas, de las universidades, de las grandes empresas internacionales que fueron las cruzadas. Allí donde los intereses espirituales predominaban, la Iglesia no halló obstáculo para afirmar su autoridad universal; pero cada vez que pretendió trascender ese plano y disputar con la potestad política la jurisdicción terrenal, sus intentos terminaron en una derrota, aunque transitoriamente pudiera recoger algún provecho.

Estaba en la naturaleza propia del espíritu medieval la concepción de un orden universal realizado en un plano abstracto, porque la realidad trascendente se le ofrecía de manera viva y profunda y no se oponía a la realidad inmediata, sino que, por el contrario, la suponía de manera entrañable. Todos los movimientos místicos que desde el siglo XI aparecen en la escena histórica —y que la Iglesia combatió con dureza— constituían premoniciones del inevitable final a que la política de predominio terrenal debía conducir al papado. Pero la ausencia de fuertes unidades políticas pareció justificar las aspiraciones de un Gregorio VII, de un Inocencio III, de un Bonifacio VIII más tarde, sin que advirtieran que esas unidades políticas se iban constituyendo poco a poco según nuevos esquemas impuestos por la realidad, no por la tradición política.

El papado, en efecto, no vio sucumbir sus aspiraciones al poder terrenal por obra del imperio, cuyos partidarios eran tan impotentes como la Iglesia misma para lograr sus designios. Fueron los reinos nacionales los que poco a poco empezaron a prescindir de él, absorbidos como estaban por la ruda tarea de constituirse contra toda suerte de obstáculos: las fuerzas disgregatorias del feudalismo o las fuerzas hostiles de los vecinos. Para esa tarea cotidiana de unificación en vista de un designio irrenunciable, las voces del papado sonaban cada vez más anacrónicas. Así en Castilla, en Aragón, en Portugal, en Francia, en Hungría, hasta en las Dos Sicilias. El problema del imperio fue, pues, problema local referido a Italia —una Italia impotente— y que por extensión tocaba a Alemania. Sólo allí el problema del orden universal correspondía en alguna medida a la realidad, y aun entonces no en lo que tenía de supuestos doctrinarios, sino en cuanto afectaba a la realidad inmediata: no era la jurisdicción del papa o del emperador la que estaba en juego, sino la de los gibelinos y los güelfos, que poco a poco, por lo demás, se apartaban de sus puntos de vista originarios para dejarse arrastrar por los complejos intereses de las situaciones reales.

La aspiración a un orden universal residía durante la alta Edad Media en el plano de lo espiritual. No fue el imperio quien dejó de satisfacerla —puesto que no le correspondía—, sino el papado, en cuya esencia estaba cumplir esa misión. Dante lo advirtió profundamente, y por eso condenó a los inspiradores de los errores de la Iglesia a los más duros castigos de ultratumba.

5) Los ideales y las formas de convivencia. El orden monárquico

Es evidente que el imperio, como forma de convivencia, sólo era imaginable como un ideal remoto, inalcanzable, que adquiría vivacidad únicamente al calor de las angustias de la vida cotidiana. Las formas reales de convivencia eran otras y se ofrecían como posibilidades inmediatas para el hombre que miraba hacia su contorno.

Quienes querían huir del mundo, tenían a su alcance los monasterios, en los que podían renunciar a todas las vanidades y entregarse a la vida contemplativa. Era una tentación vigorosa para quienes sentían profundamente el llamado evangélico y para quienes sufrían más allá de sus fuerzas los embates de una vida dura. Así se robusteció el sentimiento contemplativo, en contra, por cierto, del activismo y el intelectualismo que predominó en el gran movimiento clunicense, tan importante desde el siglo x.

San Nilo representó, en las postrimerías del siglo xi, el símbolo del eremita solitario, ansioso de soledad y penitencia, para quien el ascetismo constituía la única forma de vida digna del cristiano. Era la actitud de

Pedro Damián, que reprochaba a los cluniciences su adhesión a las preocupaciones terrenas, y fue la de San Romualdo, que a principios del siglo xi reunió a los eremitas de Camaldoni para fundar una nueva orden rigurosa y ascética. Poco después Juan Gualberto fundó cerca de Florencia el monasterio de Vallombreuse, y surgían en Francia los de Grandmont y Fontevrault, todos igualmente severos. Esa tendencia ascética culmina con la fundación de la gran Cartuja por San Bruno, en 1084 y, sobre todo, con la orden de Císter, fundada por Roberto de Molesme en 1098. De allí en adelante, el movimiento cisterciense representará una de las direcciones típicas del espíritu monástico, que San Bernardo de Clairvaux encarnaría de manera eminente, y cuya característica principal era el fervor contemplativo, el desdén por los goces del mundo y aun por las inquietudes intelectuales, que tanto estimulaban los cluniciences, puesto así en el polo opuesto de los cistercienses.

Cada una de estas órdenes se organizó de acuerdo con una regla particular, todas las cuales provenían, sin embargo, del modelo ideado por San Benito de Nursia. Sólo diferían entre sí en la medida en que combinaban la acción y la contemplación, el estudio y la plegaria. Así perfilaron sus características las diversas órdenes, dentro de las cuales algunos monasterios adquirieron particular relieve y fueron centros importantísimos de la vida de la época. Por esa causa, los anales que los monasterios redactaban, y que en principio estaban destinados a fijar los principales acontecimientos de la vida de la comunidad, son también testimonios preciosos para otros muchos aspectos de la vida del señorío, del reino o del imperio donde el monasterio estaba enclavado. Piénsese en la importancia de los anales de Hildesheim, de Quedlimburg, de San Gall, de Burton, de Dunstaple, de Waverley, de Bec, de Ripoll, de Sahagún, de Cardeña y tantos otros, en los que abrevaron luego los cronistas e historiadores.

Pero el retiro del mundo no fue, con todo, sino una

forma excepcional de vida en el mundo occidental. Con todas sus amarguras, aun para las clases no privilegiadas seguía teniendo encanto la existencia, sobre todo si se lograba escapar a la estrecha sujeción del orden feudal instalándose en alguna de las muchas ciudades que empezaron a florecer desde el siglo XII.

La ciudad empezó a ofrecer posibilidades insospechadas para el artesano o para el que buscaba el ejercicio del comercio. Allí, pese a los prejuicios que pesaban en otros ámbitos, el problema del origen tenía escasa importancia, y muy pronto empezó a imponerse el principio de que cada cual es hijo de sus obras. Con el esfuerzo personal se lograba alcanzar cierta posición económica, y según esa medida se medía la posición de cada uno. Era una posibilidad de ascenso social al alcance de la mano, que aunque reconocía como límite la presión de las clases privilegiadas, satisfacía a quienes tenían todavía fresco en la memoria el recuerdo de la sujeción con que se vivía en los medios rurales.

Había allí hasta la posibilidad de escapar a la dominación señorial, si el rey otorgaba a la ciudad las cartas o fueros comunales. Muy pronto esa esperanza se fue convirtiendo en realidad desde el siglo XII, y aunque la burguesía debió pagar crecidas cantidades por la menguada libertad que se le otorgaba, el cambio era siempre sumamente favorable si se compara la situación y las posibilidades que ahora se le ofrecían con las que antes había tenido en el seno de los señoríos rurales.

La vida urbana significó no sólo un acentuado y eficaz ejercicio de la actividad manufacturera y comercial, sino también la posibilidad de un desarrollo intenso de la actividad intelectual. En primer lugar los problemas de la colectividad —problemas económicos, sociales, a veces estrictamente comunales, pero a veces de más alto vuelo político— estaban en cierto modo dentro del alcance de la burguesía, que se ejercitaba así en el análisis de cuestiones que antes le estaban vedadas. Pero la convivencia estrecha que la vida urbana significaba estimuló también otras preocupaciones. Los estudios más altos comenzaron a interesarle y en cierto modo se debió a su esfuerzo el desarrollo de las universidades y, sobre todo, la vasta repercusión que alcanzaron los problemas que en ellas se debatían. El círculo de letrados —antes reducido— se extendió gracias al interés de las clases en ascenso, ahora atraídas por otras formas de vida más altas que las que se ofrecían a los primeros adelantados de las ciudades.

En estrecha relación con el imperio, con el papado, con los señores y con los reyes, seguras de constituir una pieza fundamental en el complejo juego político de la época, las ciudades adquirieron una importancia decisiva y los ciudadanos una profunda conciencia de su papel. Hay en el ciudadano un orgullo peculiar de su condición de tal, que se refleja en su conducta política. Procuradores de las ciudades en las cortes o parlamentos, embajadores ante las más altas potencias, los ciudadanos de *élite* ven colmada una esperanza apenas tímidamente acariciada dos o tres generaciones antes por sus antecesores, y revierten su orgullo sobre la ciudad cuya potencia les ha permitido elevarse en tal medida. Las crónicas de las ciudades italianas, flamencas, aragonesas y de otras comarcas lo revelan a las claras. Léase la lastimera historia de Dino Compagni sobre las luchas entre los blancos y los negros en Florencia, y a pesar del dolor que revela se advertirá la satisfacción que supone. Ejemplos semejantes se encuentran en tal número, en las diversas regiones, que es imposible siquiera señalarlos.

Y, sin embargo, durante mucho tiempo los señoríos siguieron teniendo importancia. Correspondían a comarcas a veces bien delimitadas, animadas por un vigoroso espíritu regional, y las empresas del señor correspondían a ciertas aspiraciones compartidas en alguna medida por todos. Naturalmente, sólo las clases privilegiadas las compartían, pero aun las otras gozaban en alguna medida con los éxitos y se dolían con los reveses de sus señores, que por lo demás repercutían de algún modo en la vida colectiva. Dentro del señorío, la escala jerárquica del orden feudal se mantenía en todo su vigor y las cargas pesaban considerablemente sobre los villanos, especialmente sobre los que vivían en los campos, pero también sobre los que vivían en las ciudades que aún no habían conseguido liberarse del yugo señorial.

En el curso de la alta Edad Media el señorío resulta ser uno de los ámbitos sociales más característicos. Se ha constituido en la aurora de esa época y parece consustanciado con ella. Y, sin embargo, desde un principio la organización señorial ha reconocido una *capitis diminutio*, una limitación que le ha impedido negar la existencia eminente de los reinos, que, constreñidos dentro de la organización feudal, han luchado permanentemente por superar esa constricción y llegar a ser lo que serían, efectivamente, en los últimos tiempos de la alta Edad Media y en el periodo subsiguiente. Si advertimos el desarrollo ulterior de los reinos, podemos medir la significación del esfuerzo que, desde el siglo XII especialmente, hace la corona para organizar su jurisdicción, someter a los señores y afirmar el reino como unidad política básica. Lo que había hecho Guillermo el Conquistador en Inglaterra era lo que querían hacer Felipe Augusto en Francia, Federico II en Sicilia o Alfonso X en Castilla. Si el señorío y el imperio son las formas de convivencia que parecen dadas con la alta Edad Media, el reino y la comuna son sus propias creaciones de la madurez, las que imagina, concibe y crea, aquellas en las que deposita, poco a poco, sus más preciosos ideales.

La comuna libre apenas podía imaginarse como unidad suficiente, y es notorio el afán de agrupar los esfuerzos para hacer frente a otras unidades políticas de más alto potencial, mediante ligas, confederaciones y hermandades. La tradición de los reinos, en cambio, sobre tener el apoyo de remotos antecedentes que empalmaban con las provincias romanas, implicaba cierta intuición de las unidades naturales. Admitíase, naturalmente, la parcelación y la remodelación que habían introducido las circunstancias históricas: la separación de la Italia del sur y Sicilia del resto de la península, la separación de Castilla, Portugal, Aragón y Navarra; pero en cada una de esas unidades latía —como habría de verse más tarde— la certidumbre de que formaban parte de una unidad natural, acaso la antigua provincia romana, y en todo caso una unidad que se legitimaba en una medida que no lograban los señoríos regionales. El proceso de Castilla absorbiendo a León y Galicia, de Cataluña absorbiendo a Aragón, de Francia absorbiendo la Occitania, de Italia aspirando a su integración bajo la autoridad imperial, prueban la radical inestabilidad del régimen señorial y el pujante aunque paulatino ascenso de la concepción monárquica. El reino se superpone indiscutiblemente sobre los señoríos y sólo es cuestión de hecho que, efectivamente, ejerza su autoridad sobre ellos.

También aquí la historia constituye el mejor testimonio de esta aspiración. A las crónicas señoriales, a la épica heroica que exaltaba las hazañas de los señores, comienza a suceder la crónica real, en la que se narran los principales acontecimientos de la historia del reino referidos a la persona del monarca y con visible intención de disminuir la significación de los grandes magnates. Otras fuerzas aparecían a veces allí: la Iglesia, la burguesía, respecto a las cuales no es imprescindible que la crónica manifieste su sujeción frente a la corona. Pero sí parece imprescindible respecto a la nobleza, y el cronista —el buen cronista cortesano o el monje del monasterio elegido para cumplir esa misión— denotará la magnanimidad del rey frente a los díscolos magnates, la legitimidad de sus aspiraciones al ejercicio del poder y la ilegitimidad de los señores cada vez que defienden sus antiguos privilegios o intenta acrecerlos. Un nuevo espíritu surge poco a poco.

Cuando la corona quiere fundamentar jurídicamente sus aspiraciones, comienza a apartarse del derecho consuetudinario y recurre a las normas del derecho romano. A su alcance están los juristas de las nacientes universidades —todos ellos de origen burgués— que exhuman los viejos textos justinianos para proporcionarle armas al monarca para reordenar el Estado según un principio centralista. La recepción del derecho romano en el siglo XII es un fenómeno estrechamente unido al surgimiento de la burguesía y al creciente ascenso del poder real. Y si el monarca necesita ayuda efectiva, también la burguesía está allí para proporcionársela: funcionarios, como los judíos que sirven a los reyes castellanos; soldados, exentos de prejuicios nobiliarios; y sobre todo dinero, que la corona solicita a las cortes y parlamentos y que los burgueses entregaban, siempre procurando comprar a ese precio una protección que consideraban indispensable.

Las cortes y parlamentos son los testimonios de esta nueva política. Los señores exigen su convocatoria y procuran defender en ella sus derechos; pero al socaire de esa organización, la burguesía y la corona van reforzando el pacto que conducirá a esta última al triunfo. Cuando desemboquemos en la baja Edad Media, advertiremos que la burguesía ha creído por un momento —el curioso momento que corresponde al siglo XIV— que ella también podía recoger los frutos de su lenta y segura política. Pero el tiempo no había llegado todavía. El curso de la alta Edad Media ha asegurado, sí, el ascenso de la monarquía, que en adelante no tendrá sino que defender sus posiciones accidentalmente comprometidas.

6) La idea del hombre. Las formas de realización del individuo

Dentro de esos diversos ámbitos, la alta Edad Media ha concebido variadas formas de realización del destino individual; si algunas de ellas —acaso las más significativas históricamente— arrancan de una concepción del hombre enraizada en la imagen de lo trascendente, otras muestran la perduración de otros ideales y su progresivo fortalecimiento.

En efecto, como duradera y tenaz expresión del sentimiento cristiano, se advierte a lo largo de la alta Edad Media la presencia de un ideal de vida vigorosamente enraizado en la imagen del trasmundo. Nada de lo del mundo real puede compararse en significación con la esperanza de la eternidad, y quien juzga sabiamente no puede sino acogerse a la contemplación. Era lo que habían hechos los santos y los mártires, los eremitas y los monjes. Para recordarlo constantemente, estaban allí no sólo los lugares santos donde se guardaban sus reliquias y a los que se concurría en peregrinación, sino el sostenido ejemplo de las hagiografías, repetido intensamente. A las numerosas vidas de santos que provenían de la temprana Edad Media se agregaron otras muchas, anónimas algunas de ellas y otras de autores conocidos, como las de Santo Domingo y Santa Oria que escribió Gonzalo de Berceo o las que componían la *Leyenda dorada* de Jácopo da Varàgine. Y con el ejemplo del santo, se proponía al hombre de carne y hueso un ideal de renunciación que sólo se justificaba por la grandeza de una esperanza ultraterrena.

Pero esta línea, que con altos y bajos se continúa a lo largo de toda la Edad Media, perdió importancia en el ámbito señorial de los primeros siglos de la alta Edad Media. Por influencia de las circunstancias habían despertado los impulsos terrenos, y la *élite* guerrera estaba muy lejos de querer postergar la misión que le esperaba en este mundo para limitarse a aguardar los bienes eternos del otro. El caballero quería conquistar el honor y la gloria en el duro ejercicio de la guerra, y con ellos ganar también riquezas y poder. Sólo la hazaña parecía digna del caballero, la hazaña heroica, desmedida, inusitada, que hiciera decir a aquellos a quienes llegaba el rumor de sus hechos que nadie había sido capaz de hacer lo que él hacía. Porque la gloria necesitaba de la fama, precisamente porque se satisfacía con ella, dentro del ámbito de los vivos.

Como los antiguos bardos y escopas, los juglares y trovadores pusieron su arte al servicio de los poderosos señores, halagando sus oídos con el recuerdo de los viejos héroes y llevando de un lugar a otro, en incansable peregrinar, la noticia de las hazañas de los nuevos. La épica es la voz misma del sentimiento heroico de la vida, y durante los primeros siglos de la alta Edad Media apagó el rumor de quienes se esforzaban por proclamar la preeminencia de la contemplación sobre la acción.

En los Eddas nórdicos, en la *Canción de los nibelungos* y en el *Gudruna* y en el *Beowulfo*, los elementos legendarios y casi míticos proveían a la épica de un carácter singular; en Francia y en España, en cambio, la épica tenía raíces históricas más vigorosas, y el recuerdo parecía más cercano. Alrededor de la figura de Carlomagno, venerable y heroica a un tiempo, sus pares y barones se ordenaban formando un conjunto imponente por el valor, la audacia, la desmesura y la eficacia guerrera. Rolando, Oliveros, Ogier el Danés, el arzobispo Turpín y tantos otros combatían como seres sobrehumanos frente a enemigos inmensamente más poderosos y a los cuales derrotaban finalmente mediante hazañas inconcebibles. Pero en esta vasta creación épica —cuya obra fundamental es la *Canción de Rolando*— perdura todavía el triunfo obtenido por la Iglesia en las postrimerías de la temprana Edad Media. Ha surgido al calor de la lucha entre los cristianos y los infieles, y el emperador y sus caballeros, tan heroicos y esforzados como puedan ser, no se presentan en el fondo sino como paladines de una causa que trasciende su propia personalidad. A veces se advierte la irrupción de un sentimiento de la vida casi incompatible con el que inspira la doctrina que defienden; pero la idea de una hazaña condicionada por la necesidad de defender la cristiandad y el imperio no es la que predomina en los duros siglos con que se inicia la alta Edad Media.

El reflejo más fiel lo proporciona la épica señorial, la que relata las aventuras de los caballeros que luchan por la lucha misma, por su propio poderío, en defensa de su propio honor o sus propias ambiciones. Entonces la épica adquiere un tono singular. Nada hay en la hazaña que exceda la significación de la hazaña misma, si no es la honra que el caballero ha de ganar y de la que se harán eco los villanos, los juglares, los peregrinos y los monjes de los monasterios que han recibido sus mercedes o esperan su protección. En los castillos de los caballeros y en las plazas de los mercados, el juglar exaltará la grandeza del héroe que ha combatido contra siete, que ha vengado su honor, que ha arrebatado a su vecino las tierras ricas que ambicionaba, que ha defendido al rey por magnanimidad, acaso para probar su propia grandeza, una grandeza intrínseca y que depende sólo de su brazo, sin que el pobre rey pueda hacer nada por aumentarla o disminuirla.

Todo el ciclo de Guillermo tiene en Francia este significado. El emperador tiene, en el *Coronamiento de Luis* —una gesta del siglo XI— un lamentable aspecto al lado de la grandeza de Guillermo, el caballero que lo sostiene. Ni Renaud de Montauban, ni Garin le Loherain, ni Raúl de Cambrai tienen otra preocupación que mostrar el valor de su brazo, la insuperable grandeza de su esfuerzo, la intangibilidad de su honor. Es, por otra parte, lo que caracteriza a Rodrigo Díaz de Vivar, fiel vasallo, pero insolente y seguro de su superioridad como caballero. Las figuras castellanas de Bernardo del Carpio y de los infantes de Lara, y sobre todo de aquel Mudarra que los vengó de su tío traidor, revelan, como la gesta señorial francesa, cuál era la situación social de la alta Edad Media, y sobre todo, cuáles eran las aspiraciones y los ideales de vida de los señores, insensibles a los clamores de los eremitas y los monjes, a las concepciones política de los reyes, a las demandas de nuevas clases sociales en lento ascenso.

Pero era demasiado elemental ese ideal de vida para que perdurara en un ámbito donde perduraban, en cambio, las tradiciones romanas y cristianas. Poco a poco la Iglesia recuperó el terreno perdido, y como algunos siglos antes, volvió a someter lentamente a los fieros barones para encauzar sus impulsos en el sentido de una causa plena de sentido histórico. Las luchas contra los infieles en España, que se sostenían ininterrumpidamente desde el siglo VIII, mantenían vivo el fuego de esa dependencia, de ese sentido de la lucha por la fe, que si acaso podía olvidarse en la retaguardia, manteníase vivo en las fronteras y era sostenido por la monarquía. Del mismo modo, la nueva irrupción de los musulmanes en el siglo XI reavivó la concepción misional, y el papado logró, no sin esfuerzo, torcer la voluntariosa actividad de los caballeros para ponerla al servicio de la defensa de la cristiandad. Muy pronto el caballero cruzado reemplazaría como ideal al héroe individualista de los primeros tiempos, y sus victorias no tendrían sentido ni repercusión sino en la medida en que sirvieran a la lucha común. Luis IX poniendo fin a la tradicional lucha contra los Plantagenets, devolviéndoles parte de sus conquistas y cediendo sus posiciones para dedicarse de lleno a la guerra santa, representa el más alto símbolo de esta modificación en la concepción de la vida, de la que son buenos testimonios las crónicas de las cruzadas y la épica que gira alrededor del mismo tema, representada, por ejemplo, por la *Canción del caballero del cisne*.

Pero la Iglesia quería más y logró más aún. Si el caballero debía poner sus impulsos guerreros al servicio de la vasta empresa común de derrotar a los infieles, en su vida misma debía tratar de alcanzar la virtud propia del cristiano. La leyenda del Santo Grial, que difundieron tantos poetas y entre ellos el francés Cristián de Troyes y el alemán Wolfram von Eschembach erigía un ideal de pureza masculina antes inconcebible en el prepotente caballero y ahora arraigado poco a poco en el ánimo del caballero cortesano. Porque en el curso del siglo XII el caballero abandona cada vez más sus viejos castillos solitarios, y comienza a amar la vida en sociedad, en contacto con sus pares y sus vasallos, y sobre todo en contacto con la mujer, ahora cada vez más estimada en cuanto representa cierta imagen cristiana del amor.

Así surgió la vida cortesana, que muy pronto se coloreó con la introducción de costumbres musulmanas y orientales, y adquirió un brillo inusitado gracias al lujo y la grandeza de que empezaron a gustar los señores y sus cortesanos. En ella adquirió la mujer un extraordinario relieve. Abandonó su reclusión y ocupó en los salones un lugar eminente, respetada y halagada por los caballeros, y ensalzada por los juglares, ministriles, segreres y trovadores. En ella residía el amor, y el caballero consideró digno de su rango humillarse ante su debilidad en la misma medida en que creía necesario ser arrogante ante la fortaleza del enemigo. Porque el amor comenzó a ser considerado como la más alta expresión de la vida, y su ejercicio una de las nobles posibilidades de toda vida noble.

El amor dio origen a una vasta creación lírica, en cuyo oscuro origen se esconden sin duda buenas influencias bretonas islámicas. No en balde alcanzó su mayor vigor en Provenza y Aragón, tan próximos al mundo musulmán, y no en balde arde en el fondo de toda su creación el imborrable recuerdo de Tristán e Iseo, de Lancelot y Ginebra, del misterioso Arturo y de todo el vago y melacólico encanto de la poesía de Bretaña. Allí brillaron Guillermo de Poitiers, Marcabrún, Bernard de Ventadorn, Guiraut de Borneil, Bertrand de Born, y tantos otros que recorrían las pequeñas cortes señoriales de Provenza, Aragón y Castilla, que llegaban a veces hasta Francia, Italia y Alemania, y que alegraban la corte de Inglaterra con el elogio del buen rey Enrique o del heroico Ricardo. Y entretanto los segreres gallegos y portugueses desarrollaban los mismos temas en su dulce lengua llena de resonancias célticas, y alcanzaban, como Pero da Ponte o Bernardo de Bonaval, la más cálida acogida de reyes y caballeros castellanos.

La lírica alcanzó también extraordinario brillo en las cortes alemanas y francesas, donde solían llegar los juglares occitánicos, y donde María de Champagne los acogía en su palacio. A su lado estaban también los poetas que escribían no en provenzal sino en la lengua de *oil*, los poetas franceses como Cristián de Troyes o Conon de Bethune, en cuyos versos adquirían nuevos matices los temas bretones y provenzales. Y cuando el papado aniquiló el vasto movimiento espiritual de Provenza en la cruzada contra los albigenses, la corte siciliana, y especialmente Federico II, acogió a los poetas expatriados y los dejó cantar allí su execración contra Roma. A su influjo se despertó en Italia un vigoroso sentimiento lírico, y el tema del amor revivió en los poetas del *dolce stil nuovo*, Guido Cavalcanti, Lapo Saltarelli, el Dante de la *Vita nuova*, excelso y delicado. Era el pleno triunfo de una nueva concepción de la vida, incompatible con la fiereza de los barones, y alimentada por una vaga idea de la perfección y la virtud, que reconocía múltiples raíces, pero que el cristianismo canalizaba hacia la imposición de su doctrina y de sus formas predilectas de existencia.

Algunas de esas raíces eran inequívocamente paganas, y el viejo Ovidio contaba tanto en esta irrupción del sentimiento lírico como los más delicados poetas islámicos y provenzales. El viejo Ovidio y toda la tradición pagana no habían desaparecido nunca del todo del ámbito medieval, e irrumpían cada cierto tiempo con sus terrestres ilusiones. El amor, el goce y la alegría —todo lo que alentaba en Plauto o en Petronio—, estaba más vivo de lo que parecía y despuntaba de vez en cuando. En los ambientes villanos, en las ciudades que vivían al calor de una nueva riqueza lograda con desaforado esfuerzo, en las tabernas y los mercados, el clérigo goliardo cantaba en latín un amor menos puro que el de Bernard de Ventadorn o Guido Cavalcanti. Era el amor de las cantaderas y soldaderas, de las mujeres livianas que se emborrachaban a su lado, de las damas gentiles que querían gozar de su cuerpo antes que se tornara —como el predicador solía repetirles— polvo y ceniza. El Primat, el Archipoeta y los múltiples autores de los *Carmina Burana* alegraban a sus contertulios —estudiantes, juglares, mercaderes y peregrinos— a cuyo alrededor se reunía, seguramente, toda la heteróclita población de las ciudades, inquieta y despreocupada, a cuyos oídos llegaban las voces de los predicadores sin que, sin embargo, pudieran desterrar del todo un renovado terrenalismo.

Para esa población de las ciudades, ahora despertada a los múltiples y variados intereses de la cultura, surgió una vasta literatura didáctica en la que la fábula, el ejemplo, el relato, constituían las piezas centrales. *Renart*, el personaje del poema francés, es el testimonio vivo de una naciente curiosidad por los problemas de la conducta, a los que se procurará satisfacer sin extremos, y sin olvidar las duras necesidades de la vida. Ese afán de saber, que explica las enciclopedias y las sumas, alienta también en las obras monumentales que inspiró el afán de enseñar. El *Roman de Renart*, los *fablieaux* y moralidades, hasta la *Comedia* de Dante, participan de este afán por adoctrinar que parece sobreponerse a toda finalidad estrictamente artística.

También predominaba la preocupación por la enseñanza en quienes diseñaban los capiteles historiados de los claustros e iglesias románticas y góticas, los pórticos, los vitrales y las pinturas. Desde el siglo XI elaborábase en Europa occidental un estilo arquitectónico de singular personalidad —el románico— en el que podían advertirse, por sobre los elementos básicos de tradición romana, algunas típicas influencias orientales manifestadas en la aparición de la planta circular u octogonal en el sistema de techumbre con bóvedas, y en la decoración, en la que, poco a poco, se aclimatarán numerosos elementos exóticos. La colegiata de San Isidoro de León, San Pedro de Ávila, la catedral de Santiago de Compostela y el claustro del monasterio de Silos son, seguramente, los más hermosos monumentos románicos de España, junto a los cuales deben citarse San Hilario y Nuestra Señora de Poitiers, y San Sernín de Tolosa en Francia. Contemporáneamente, el estilo-bizantino ejercía en Italia una influencia marcadísima, de la que es testimonio la catedral de San Marcos de Venecia, en tanto que en Alemania se construían iglesias tan magníficas como la catedral de Bamberg.

En todas ellas la decoración, especialmente escultórica, adquirió una significación extraordinaria. Una compleja simbología les prestaba un misterio encantador, que incitaba a la constante consideración del trasmundo a través de las alusiones al Juicio Final y a las leyendas sagradas. Así nacieron las decoraciones del claustro de Silos, de San Trofín de Arles, de Santiago de Compostela, de la catedral de Bamberg. Un aniquilamiento de las formas y una exaltación de lo espiritual parecen ser los caracteres más acentuados que procuraba lograr el imaginero románico, entre los cuales destácase el nombre del maestro Mateo, a quien se debe el Pórtico de la Gloria de Compostela.

Desde el siglo XII se opera en la arquitectura una transformación, que se cumple preferentemente en las provincias occidentales de Francia y en particular en la Isla de Francia, gracias a la cual se alcanza el sistema de formas que caracterizan el estilo ojival o gótico. A la estructura apaisada característica del románico sucederá una estructura en la que predomine la dimensión vertical, acentuada por las altas torres que ahora quedan incorporadas al cuerpo del edificio. Las obras maestras del nuevo estilo son las grandes catedrales, pero no son de menor importancia las iglesias menores y las construcciones civiles —castillos y edificios comunales— que se levantan en gran número.

Catedrales, iglesias y edificios comunales comienzan a revelar el empuje de las clases burguesas que, a veces con su iniciativa y siempre con su esfuerzo, permitieron la erección de los ingentes monumentos. Allí también ocupará la decoración escultórica un lugar preferente, solemnizando los vastos pórticos que dan acceso al templo. Y en los ventanales que lo iluminaban, los maestros vidrieros, no menos exquisitos que los imagineros, crearon los vitrales policromos que tanto encanto proporcionan a la catedral de Chartres, por ejemplo.

Apenas es necesario citar el nombre de los monumentos más representativos del estilo gótico. A fines del siglo XIII estaba sistematizado, definitivamente adquiridas y experimentadas las principales ideas constructivas, realizados los cálculos y esbozados los arquetipos. Surgieron entonces las catedrales de Laon, París, Reims y Amiens en Francia; Exeter, Gloucester y Winchester en Inglaterra; Ávila, Burgos, León y Toledo en España; Ulm y Colonia en Alemania. Un sentimiento místico predominaba en la concepción de las vigorosas flechas de piedra erigidas hacia el cielo, como símbolo de la aspiración ultraterrena del hombre; pero no reflejaba menos su construcción un intenso sentimiento de orgullo y poderío ciudadano, visible a través de la riqueza invertida y del esfuerzo consagrado a construir un monumento insuperable y que testimoniara la gloria de cada ciudad frente a su vecina. La curiosa conjunción de estos dos sentimientos nos muestra acaso uno de los secretos de estas postrimerías de la alta Edad Media, en la que culmina el orden medieval y comienza, al mismo tiempo, a desintegrarse.

III

LA BAJA EDAD MEDIA

La baja Edad Media es el periodo que transcurre desde que se anuncia la crisis del orden medieval —en la segunda mitad del siglo XIII— hasta las postrimerías del siglo XV. En rigor, esta delimitación está sujeta a varias aclaraciones. Hasta el siglo XIV no son visibles los signos de la crisis, y en consecuencia sólo entonces adquiere la cultura una nueva modalidad. A su vez, en algunas regiones —de Italia especialmente— ya en el XV se ha producido una mutación bastante profunda que hace de ellas el escenario de los primeros episodios de la modernidad. En cambio es posible advertir cómo en otros lugares se perpetúa el espíritu medieval hasta bien entrado el siglo XVI, especialmente en ciertas capas sociales menos receptivas respecto a las transformaciones espirituales.

Hay, pues, un ambiente cultural propio de la baja Edad Media que se manifiesta con precisión en ciertos hogares durante los siglos XIV y XV, que tarda en aparecer en algunos y que se esfuma prontamente en otros. En tales condiciones, se comprenderá cuán difícil es esbozar un cuadro de conjunto de una época en que se manifiesta tal multiplicidad de influencias y de reacciones. Los matices abundarán, y el alcance de las apreciaciones de conjunto deberá determinarse siempre con máxima cautela.

1) Los elementos de realidad

La crisis que se desencadena en el siglo XIII tiene un testigo eminentísimo, que, no sin dolor, y bajo el peso de una amarga nostalgia, señala con clarividente agudeza sus rasgos más característicos. Es Dante Alighieri, cuya *Comedia*, tan grande por su valor poético, es grande también como documento de la disolución del orden medieval, que el poeta amaba, y de la aparición de un sistema de ideales y formas de vida que exaltaba algunos de los elementos que integraban aquel orden en perjuicio de otros. Su visión de la comuna italiana, de los reinos vecinos, del papado y del imperio, así como también del orden moral que suponía el mundo que contemplaba con sus ojos, entraña una dolorosa experiencia que el poeta trasunta con acusada hondura: la de una mutación histórica profunda tras la cual sobrevendría una época nueva, incomprensible para él y condenable a sus ojos por el abandono que supone de los ideales que le eran queridos. Pero, independientemente de la calificación que Dante, sintiéndose profeta, impone a los tiempos que sobrevenían, es innegable que el poeta percibió con desusada claridad la declinación de un periodo y la aurora de otro. Esta revelación tiene para nosotros una importancia manifiesta.

Obsérvese que su gran enemigo, el papa Bonifacio VIII, con ser un espíritu tan vigoroso y penetrante y tan preocupado por la realidad inmediata, no llegó a percibir una y otra y perseveró en la política que, con mucho mayor fundamento, emprendiera Gregorio VII dos siglos antes. Acaso lo mismo pudiera decirse de otros muchos, y si Dante perseveró en la postulación de soluciones anacrónicas, ya es bastante para un espíritu contemplativo que alcanzara, en el plano que su espíritu prefería, la claridad incuestionable que él alcanzó. Con su vasta creación poética, Dante Alighieri inicia la era en que el orden medieval se quiebra, y representa el momento inaugural de la baja Edad Media.

Puede decirse que esa crisis se enlaza estrechamente con las cruzadas. Aun admitiendo que se haya exagerado alguna vez su significación, las expediciones que se iniciaron en las postrimerías del siglo XI y se continuaron hasta la segunda mitad del XIII obraron en muchos aspectos consecuencias decisivas. El orden medieval era, en cierto modo, el fruto de una elaboración dentro de un ámbito cerrado, y apenas podía resistir —como, en efecto, no resistió— el violento contacto que se estableció con otros ámbitos de muy distinto sentido y desarrollo. Puede tenerse una idea de la significación de este fenómeno considerando la acción que ejercieron dos comarcas que, antes que otras, sufrieron esas influencias exóticas: Provenza y las Dos Sicilias, en donde el orden medieval se quebró antes que en parte alguna en provecho de cierta concepción de la vida que predominaría luego e informaría, en cierto modo, la cultura de la baja Edad Media. Este fenómeno fue el que se generalizó luego y desencadenó la vasta mutación a que se asiste desde las postrimerías del siglo XIII.

Sería obvio señalar las múltiples consecuencias de las cruzadas: el cataclismo del orden señorial que trajeron consigo, las mutaciones sociales y económicas que produjeron y la renovación espiritual a que dieron lugar. El mundo occidental, hasta entonces sensiblemente enclaustrado, se halló de pronto reintegrado al área del Mediterráneo, ahora transitable y de nuevo vínculo de unión de todas sus costas como en otras tantas épocas lo había sido. Y el mundo bizantino y el musulmán comenzaron a ejercer sobre el ámbito del cristianismo occidental una influencia intensa, que en seguida halló acogida favorable porque empalmaba con ciertas direcciones del espíritu dormidas pero no aniquiladas.

En el plano de la vida real, el hecho más significativo fue la renovación de la vida económica y el ascenso acelerado de la burguesía. Las ciudades crecieron y prosperaron al calor de las múltiples oportunidades de enriquecimiento que hallaron los burgueses, y la economía rural, en que basaban antaño su poderío los señores, comenzó a declinar en beneficio de otra en la que el dinero adquiría una importancia incomparable. Los viejos ideales —el heroísmo y la santidad— comenzaron a ser reemplazados por otros nuevos: el trabajo y la riqueza, por los cuales, por cierto, también se alcanzaba el poder. Y la monarquía encontró en las nuevas clases en ascenso el apoyo que necesitaba y había buscado para definir su lucha contra los señores.

Así adquirieron prontamente un inusitado vigor los reinos nacionales, cuya idea representaba la corona y en cuya defensa invertían reyes y burgueses lo mejor de sus energías y de sus fortunas. En ellos los señoríos tenían cabida, pero a condición de que se arrancaran de cuajo algunas de las ideas fundamentales que estaban en el sistema tradicional del feudalismo. Y esas ideas comenzaron a declinar por la fuerza de las circunstancias y por obra de la deliberada y sostenida política de la monarquía, ahora poderosa y con recursos para lograr sus fines.

Al mismo tiempo declinaba acentuadamente la idea de la viabilidad de un orden ecuménico. Durante más de dos siglos habían combatido por la preeminencia las dos potestades que lo encarnaban —el imperio y el papado—, y al comenzar la baja Edad Media el espectáculo era desolador en ambos campos. Frustrado el imperio después de los embates sufridos, vacante la corona imperial durante varios lustros, disminuido y anulado, no era ya sino una vaga sombra. Dentro de Alemania se conmovía por las rivalidades de los aspirantes al trono y por la enérgica resistencia de los magnates, triunfantes en 1356 con la sanción de la Bula de Oro, que establecía definitivamente la sujeción del emperador a los más poderosos señores. Y fuera de ella, tras el definitivo fracaso de los intentos sobre Italia, el imperio se consumía en una estéril competencia con el papado, a través de las luchas entre Luis IV y el papa Juan XXII, lucha que, por otra parte, cada vez más perdía su sentido frente a la inoperancia de las dos potestades respecto a la nueva realidad política.

El papado, por su lado, acusaba los impactos de las distintas fuerzas hostiles que se movían dentro de la Iglesia. Las sectas heréticas, los movimientos renovadores como los de Wycliffe y Huss, las iglesias nacionales con intereses encontrados, eran elementos que trabajaban su estructura, ya debilitada sensiblemente por la política del papado de Aviñón y luego por el Cisma de Occidente. En tales condiciones, nada podía extrañar que un día surgiera enérgico y amenazante el movimiento conciliar, orientado hacia la descategorización del papado, y por un momento próximo al triunfo.

Lo que representaban papado e imperio eran ya, inequívocamente, ideas superadas que los nuevos tiempos no sentían con el fervor de antaño. El mundo occidental comenzaba a moverse ahora al impulso de nuevos incentivos, muchos de los cuales venían de más allá de las fronteras del área del cristianismo occidental. En el campo de la cultura, la influencia de los mundos vecinos se hacía notar enérgicamente, a través del averroísmo y de la ciencia árabe, a través de las renacientes sugestiones de la Antigüedad, que llegaban desde Bizancio, a través de los relatos sobre países y culturas exóticos. Una nueva perspectiva se abría para el mundo occidental, que comenzó por encandilarse y sumergirse en las más descabelladas experiencias.

2) Los caracteres generales de la cultura durante la baja Edad Media

Ciertamente, las postrimerías del siglo XIII mostraban a las claras la presencia de nuevas fuerzas sociales y económicas, que eran también, en potencia, nuevas fuerzas espirituales portadoras de un mensaje renovador, aunque todavía impreciso y vago. Para esas fuerzas, las perspectivas eran ilimitadas y correspondían estrictamente a la realidad; pero a la realidad pertenecían también las viejas estructuras caducas que se resistían a desaparecer y que, entretanto, conservaban la aureola de su prestigio y la fuerza que les proporcionaba la tradición y los vínculos aún anulados.

Esas fuerzas nuevas eran, en primer término, una burguesía cada vez más poderosa económicamente, sin cuyo apoyo parecía ya inverosímil cualquier empresa de alto vuelo dentro de cada uno de los ámbitos nacionales, y en segundo lugar una clase popular más humilde, que las transformaciones económicas habían arrastrado hacia una situación de menos insignificancia histórica que la que las caracterizara hasta entonces. Esa burguesía no valía sólo por su dinero. Valía también por la nueva concepción de la vida que representaba, por el nuevo enfoque de los problemas que proporcionaba, por el nuevo sistema de valores que oponía al de las clases privilegiadas y adheridas a las tradiciones señoriales. En ella crecía una minoría intelectual de cierta significación, cuya voz comenzaba a adquirir resonancia, embos-cada a veces en las instituciones tradicionales —la Iglesia, las cortes y parlamentos, hasta el propio consejo real—, y a veces obrando libremente y expresándose en la acción, en el panfleto o en el libro. Y en su esfuerzo en busca de la consolidación de su ascenso social, algunas masas intentaban penosamente asirse a ellas en un anhelo vago —y por el momento utópico— de escapar de las duras condiciones de vida en que estaban sumidas.

Estas fuerzas nuevas estaban en cierto modo unidas a otra fuerza antigua pero renovada: la monarquía. Si la corona y el cetro de Felipe el Hermoso de Francia o de Pedro I de Castilla eran los mismos que habían llevado sus antepasados, la personalidad y las ideas de los reyes eran muy otras. Eran, en cierto modo, hombres nuevos, a quienes el contacto cotidiano y constante con las situaciones reales habían conducido a una renovación de los puntos de vista con que enfrentaban los problemas de su contorno. Desde ese punto de vista, la realeza de la baja Edad Media es, en cierto modo, también una fuerza nueva, pues el precapitalismo que se desarrollaba por entonces involucró una concepción mercantilista que un Carlos VII o un Luis XI supieron llevar adelante con clara visión de sus intereses y del papel que la burguesía podía significar en el proceso de su realización práctica.

Pero frente a esas fuerzas nuevas o renovadoras, estaban las fuerzas tradicionales representadas por las clases aristocráticas, celosas de sus privilegios sociales, aferradas a la defensa de un orden económico que les aseguraba su primacía, y que aunque advertían que estaba condenado, pretendían perpetuar o por lo menos conservar tanto tiempo como pudieran para su propio beneficio. Esas clases se mostraron violentamente hostiles a la burguesía y a la monarquía renovadora. Para su resistencia contaban con la fuerza propia de las situaciones de hecho, abonadas por la resistencia de los prejuicios. Pero contaban también con el estado de inmadurez del nuevo orden que se insinuaba, con la inexperiencia de quienes trabajaban por imponerlo, y hasta con el invencible complejo de inferioridad que su mera presencia suscitaba en aquellos que, fuertes ahora gracias a su esfuerzo, recordaban una sujeción secular cuyos fundamentos parecían consustanciados con la naturaleza de las cosas.

La presencia de todas estas circunstancias hizo que las fuerzas nuevas y renovadoras intentaran la transformación del orden tradicional para ajustarlo a las nuevas necesidades, y a las nuevas perspectivas, pero hizo también que el intento resultara frustrado al poco tiempo. El siglo XIV vio la insurrección de la burguesía y de las masas campesinas, el afloramiento de nuevas concepciones políticas en el seno de los reinos nacionales y aun en el seno de la Iglesia, el ensayo de nuevas doctrinas económicas, el asomo de nuevas ideas y de nuevas direcciones estéticas que correspondían a una concepción fuertemente naturalística de la vida. Pero nada de todo eso triunfó definitivamente. Quedó como saldo del vasto experimento una enseñanza, una experiencia y sobre todo un programa que la baja Edad Media elaboró pacientemente. Cuando estuvo maduro y sus diversos puntos merecieron la aprobación unánime habíase producido la mutación por la cual triunfaba la modernidad.

En realidad, la cultura de la baja Edad Media se presenta como un constante duelo entre fuerzas opuestas en el que adquieren particular significación el duelo entre el espíritu caballeresco y el espíritu burgués, y el duelo entre el sentimiento religioso y el sentimiento profano.

Desde cierto punto de vista, y mirando el problema en perspectiva, puede decirse que, durante la baja Edad Media, el orden feudal entró en un periodo de declinación. Pero no quiere esto decir que el espíritu caballeresco haya entrado por entonces en crisis. Por el contrario, en la medida en que las clases señoriales sintieron el impacto de nuevas concepciones de vida que se oponían a las suyas, estrecharon sus filas y defendieron su patrimonio tradicional con decisión y energía. Hubo así un robustecimiento del espíritu caballeresco, que si acaso gozó de menos prestigio popular que antes, tuvo en cambio la aureola de que suelen gozar las minorías herméticas y el encanto un poco misterioso que les proporcionaba su quintaesenciado refinamiento.

El espíritu caballeresco gozaba del más alto favor, naturalmente, en las cortes y ambientes señoriales. Allí se refugiaba, a veces ocultándose a los ojos profanos y a veces trascendiendo ostentosamente para asombrar con su desmedida grandeza, como solía ocurrir en la corte borgoñona. Mantenía todo el sistema de convenciones propio del orden feudal, pero perfeccionado, refinado, sometido a reglas severísimas, y revestido de un carácter un poco espectacular. Fiestas y torneos, ceremonias y festines, eran las ocasiones en que se exhibía en todo su esplendor, pero regía también la vida corriente de las cortes y animaba la existencia misma de los grandes señores. El duque de Borgoña, el infante don Juan Manuel o el rey Pedro IV de Aragón podrían ser, entre muchos ejemplos de este primado un poco beligerante del espíritu caballeresco que ponen de manifiesto muchas notables obras de la época, como el *Libro del paso honroso* de Rodríguez de Lena, algunas de los del infante don Juan Manuel, los tratados sobre cetrería, torneos, arte cisoria y ceremonial cortesano que abundan y las crónicas señoriales tan dadas a exaltar el inusitado lujo de los magnates. Los trovadores, meistersinger, ministriles, así como el numeroso personal de las cortes, ponían en la vida de las ricas residencias señoriales un acento de mundano esplendor, que acaso seducía la imaginación de quienes rondaban su contorno, y acaso impresionaba a los villanos que, en ocasiones, se asomaban al espectáculo de aquella refinadísima existencia.

Pero el espíritu caballeresco sobrevivía como recuerdo celosamente defendido, y correspondía cada vez menos al tono general de los tiempos. Sus formas exteriores eran imitadas por los burgueses ricos —un Jacques Coeur, por ejemplo—, pero sus supuestos habían entrado en crisis y no latían ya sino en minorías cada vez más reducidas y apenas significativas por el hecho de conservar algún poder, efímero, por lo demás, pues la monarquía avanzaba decididamente sobre él. Esos supuestos habían sido atacados por nuevas relaciones económicas y sociales que los condenaban, a la larga, a desaparecer, y en su lugar habíanse elevado otros, defendidos por las crecientes y pujantes clases burguesas. El odio aristocrático, la dispendiosa magnificencia, la idea misma de las inviolables jerarquías sociales comenzaban a flaquear, y un nuevo sentimiento de superioridad comenzaba a anidar en los corazones de quienes se sentían depositarios de la fortuna y árbitros de la vida económica: los banqueros, en primer lugar, los grandes manufactureros y comerciantes, los nuevos señores que se elevaban al poder en muchas ciudades —italianas especialmente— y que representaban ahora nuevas concepciones del poder político.

Hubo, como acontece con frecuencia, entrecruzamiento e influencia recíproca entre esos dos sistemas de ideales. Las clases señoriales aspiraron a la riqueza y no vacilaron en desprenderse transitoriamente de muchos de sus prejuicios para tentar la aventura que podía conducirlas a la fortuna, en tanto que los sectores más altos de la burguesía pugnaban por asimilarse las costumbres cortesanas y llevar una vida que remedara la de las suntuosas cortes. Boccaccio y Sachetti nos lo revelan, entre otros. Pero era evidente que los ideales burgueses correspondían a realidades nuevas destinadas a consolidarse, en tanto que los caballerescos eran ya solamente supervivencias que sólo se alimentaban del recuerdo, y que el tiempo relegaría a meras convenciones dentro de círculos muy limitados.

Entretanto, durante la baja Edad Media, el fenómeno típico es el duelo entre ambos sistemas, no la victoria de ninguno de ellos, y de ahí proviene cierta complejidad e impresión de ese periodo. Cosa samejante ocurre en cuanto al sentimiento religioso y al sentimiento profano. En la medida en que la Iglesia perdía su ascendiente, en el torbellino que la arrastró durante los siglos XIV y XV, un fuerte movimiento místico pareció recoger su legado y servir de vanguardia en la defensa del sentimiento religioso, amenazado desde muchos frentes. Santa Catalina de Siena, los místicos flamencos y alemanes —Ruysbroeck, Eckhardt, Tauler, Suso, Groote—, los enérgicos predicadores como Wycliffe y Huss, alimentaban la fe cuando la organización eclesiástica parecía más bien su enemiga que su servidora. Es el momento en que Boccaccio, Chaucer, Juan Ruiz y tantos otros ven en el clérigo el espejo de todos los pecados y el blanco de todas las burlas, seguramente porque tal era la actitud de sus oyentes y lectores. Y este sincronismo muestra la magnitud del duelo, pues todo revela en los satíricos la presencia de un nuevo sentimiento de la vida, profundamente atado a los intereses terrenales y nutrido por una concepción radicalmente naturalística.

Ese sentimiento de la vida era un sentimiento profano. Se satisfacía con el goce de vivir, y con todas las formas singulares de ese goce: el amor, el vino, la contemplación de la naturaleza y la creación estética. Si el lujo era atributo común de las clases señoriales y de las más altas clases burguesas, es porque el lujo expresaba ese regocijo de estar vivo que parece uno de los signos de la época, el que revelan Boccaccio y el Arcipreste, López de Ayala y Chaucer, o las farsas burguesas que se representaban en los tablados, como la de *Maese Pathelin.*

Pero este sentimiento, tan notorio y pujante como parezca al repasar los testimonios de la baja Edad Media, no hacía sino luchar denodadamente con el sentimiento religioso que predominaba, mantenido por la fuerza de la tradición tan sólo en muchos espíritus, pero fuertemente arraigado en otros. La concepción naturalística que asomaba en algunos filósofos y hombres de ciencia, que podía advertirse en las miniaturas de los libros de horas y libros de caza así como en la mejor pintura de la época, afloraba revestida —o acaso indiscriminadamente confundida— con el ropaje de la más severa tradición religiosa. Un patetismo acentuado parece compatible con la alegría de vivir, y la presencia de tan encontrados elementos prueba una vez más la naturaleza crítica de este periodo singular en el que el prisma nos revela toda la gama de colores.

Podría agregarse, como rasgo típico, la incipiente aparición del individualismo. El retrato aparece por entonces —piénsese en Jean Fouquet o en Van Eyck— y aparece al mismo tiempo la biografía individualizada, no arquetípica, como hasta entonces había ocurrido: Fernán Pérez de Guzmán, Hernando del Pulgar o Vespasiano da Bisticci, así como las numerosas crónicas personales como las de Álvaro de Luna o Francisco Sforza. Esta actitud del artista —pintor, escultor, biógrafo o poeta— corresponde a la percepción de un fenómeno espiritual y social notorio; la afirmación progresiva de lo individual frente a lo colectivo. Es, por otra parte, lo que explica y justifica el vasto desarrollo lírico que se advierte por entonces, a través de figuras tan delicadas como Carlos de Orleáns, Cristina de Pisán, el marqués de Santillana, Jorge Manrique o Francisco Petrarca.

Este desarrollo del individualismo se relaciona estrechamente con el espíritu de aventura y, sobre todo, con la apetencia de saber. Aunque los frutos no hayan sido demasiado importantes, el esfuerzo de hombres como Nicolás d'Oresme o Jean Buridan revelan una actitud compartida por nutridos sectores de las minorías intelectuales. De entre ellas habrían de salir quienes animaron el vasto movimiento científico y filosófico de la época, especialmente en Italia, donde las academias probaban la reciedumbre del movimiento intelectual. Con menor vigor y brillo, la tendencia aparece en otros países, entre seglares y religiosos, y orientada hacia diversas disciplinas, entre las que no faltan la astrología y la alquimia. Pero el camino se amojonaba poco a poco, y por las sendas recorridas con fruto volverían a discurrir generaciones y generaciones para consolidar aquellas primeras conquistas tan difíciles y a veces dolorosas.

3) La imagen del mundo y el saber

El sentimiento de la naturaleza manifestado en las formas de vida y en la creación estética se corresponde con el movimiento empirista que, en el campo de la filosofía y la ciencia, inició Roger Bacon, profesor de la Universidad de Oxford, en la segunda mitad del siglo XIII. Admitiendo la fe como único y sólido fundamento del conocimiento de Dios, exigía para el de la realidad un conocimiento directo basado en la observación y la experiencia.

Esta corriente adquirió durante la baja Edad Media una considerable importancia, debido al curso que tomó el pensamiento escolástico a través de sus dos más grandes representantes en esta época, Juan Duns Scoto y Guillermo de Occam. El rasgo decisivo de esta nueva fase de la escolástica es el enérgico rechazo, como instrumento de prueba respecto a la existencia de Dios y a la inmortalidad del alma, de la razón humana, de cuyo ámbito quedan totalmente excluidos todos los misterios fundamentales del dogma. Resultaban así perfectamente delimitados los territorios correspondientes a la teología y a la filosofía, afirmando que "nada de lo demostrado por la razón es revelado por Dios, y nada de lo revelado por Dios es demostrable por la razón".

Sin duda habían influido en el desarrollo de estas ideas las de algunos pensadores árabes, y especialmente Averroes, cuya actitud frente a la teología musulmana es semejante a la de los nominalistas cristianos del siglo XIV. Pero estaban también impulsadas por el desarrollo interno de la escolástica, en el que la oposición entre tomismo y escotismo conducía a una superación del antiguo realismo *a outrance* de San Anselmo, mediante una síntesis del pensamiento agustiniano y el pensamiento tomista.

Este divorcio entre teología y filosofía suponía una descategorización del conocimiento racional, pero estaba destinado a provocar un extraordinario desarrollo del conocimiento científico. Delimitada el área del conocimiento, los nominalistas que seguían las huellas de Occam podían lanzarse a la investigación de la naturaleza —esto es, de lo que Dios no había revelado—, y así hubo en los siglos XIV y XV notables aportaciones en el campo científico. En este terreno —como en el de los ensayos sociales y políticos—, la labor de los hombres de actitud científica se vio oscurecida por las dificultades y obstáculos que encontraron: pero es evidente que constituyen eslabones imprescindibles en la historia del conocimiento natural.

Uno de los más distinguidos nominalistas fue Jean Buridan, rector de la Universidad de París hacia 1348, a quien se deben unos comentarios a la física de Aristóteles en los que acepta el principio de inercia y lo aplica a la interpretación de la mecánica celeste. Buridan fue al mismo tiempo un agudo indagador de los problemas psicológicos y sostuvo, no sin oposición, una teoría determinista de la voluntad. En la misma corriente estuvieron, en el plano de las ciencias naturales,

Alberto de Sajonia, también rector de la Universidad de París en 1353, y Nicolás d'Oresme, consejero de Carlos V de Francia, para quien tradujo al francés la *Política* de Aristóteles y a quien asesoró en cuestiones económicas. Alberto de Sajonia escribió un libro titulado *Quaestiones subtilissimae in libros de coeli*, en la cual, como d'Oresme en otras obras, estudió los problemas de la dinámica.

Una actitud resuelta en el campo gnoseológico tuvo Nicolás de Autrecourt, que aun defendiendo la metempsicosis y la antigua teoría del eterno retorno, sostenía la concepción atomística y, sobre todo, afirmaba la imposibilidad de reducir la ley de causalidad a la ley de contradicción, con lo que insinuaba cierta forma de duda metódica. Todavía podrían citarse otros nombres: Paolo Veneto, Gaetano da Tiene, Pedro d'Ailly, Toscanelli, Nicolás de Cusa; pero bastará detenerse un momento en este último, astrónomo, matemático, humanista finísimo, que resumió su doctrina en *De docta ignorantia*, con el que nos introduce en el pensamiento renacentista. La infinitud del conocimiento y la certidumbre de que todo saber es conjetural, pone en su espíritu una nota que se insinuaba en el espíritu de la baja Edad Media y que se advertirá plenamente poco después.

Entretanto, una mutuación importante se producía en las ciudades italianas. Había llegado allí la seductora influencia de Bizancio, a través de eruditos fugitivos como Miguel Crisoloras, Constantino Láscaris, Teodoro Gaza y el cardenal Besarión, y floreció prontamente en el seno de grupos de *élite* que se constituyeron en los centros más cultos, formándose academias como la Platónica de Florencia, donde Marsilio Ficino y Pico de la Mirandola se entregaron al estudio de Platón y los neoplatónicos sobre todo. Comenzaron entonces a abundar los textos griegos, reunidos en las importantes bibliotecas que se organizaron por entonces —como la Marciana y Laurentina de Florencia, la Vaticana, la de Venecia y la de Urbino—, y con ellos y las fuentes ya conocidas pero leídas ahora de otro modo preparóse una renovación intelectual que se conoce con el nombre de humanismo, cuyas figuras más señaladas en este periodo son, además de las ya nombradas, Petrarca y Boccaccio, León Bautista Alberti, Poggio Bracciolini, Lorenzo Valla y Victoriano de Feltre.

Este movimiento que se produce en Italia durante los siglos XIV y XV señala una ruta de evasión de la concepción medieval de la vida. Pero es necesario advertir que ni esa evasión fue repentina y total ni el designio de alcanzarla fue plenamente deliberado. Por lo demás, algunos de los elementos de la concepción medieval de la vida estaban vigorosamente arraigados —tanto que se perpetuarían en la conciencia occidental a lo largo de la modernidad— y otros estaban en estado de revisión ya en la baja Edad Media de modo que ese tránsito no presenta los caracteres de una revolución espiritual. Advertíase, sí, la apertura de nuevas posibilidades, que giraban, preferentemente, alrededor del problema del hombre y de la naturaleza, pero no es difícil señalar sus puntos de partida en los pensadores de la baja Edad Media. Esta continuidad es la que explica la introducción de algunos aspectos del humanismo dentro del sistema medieval todavía vigente en ciertos países, como los de la península ibérica, donde se tradujeron numerosas obras italianas y empezaron a compartirse muchas de las ideas e ideales que entrañaban sin rechazar por eso la tradición medieval en lo sustantivo. Enrique de Villena, Pedro López de Ayala, el marqués de Santillana, Álvaro de Luna, para no citar sino algunos ejemplos elegidos al azar, muestran la variada penetración que alcanzaron muchas ideas de las que el humanismo elaboraba por entonces con más libertad y más ricas fuentes en otras partes, como lo muestran en el caso de Francia Pedro d'Ailly, Juana Gerson y Cristina de Pisán.

En todo caso, si el humanismo suponía, sin duda, el

punto de partida de una evolución más acelerada de ciertas ideas apenas esbozadas en la baja Edad Media, no se manifestaba tan disímil que no pudiera coexistir su influencia con la vigencia de ciertas tradiciones medievales ortodoxas. Por el contrario, coexistieron y su presencia constituirá, en el siglo XV, un polo del desarrollo espiritual de esa época, en la que el otro era, precisamente, aquella tradición. La tensión producida entre ambas influencias, entre la concepción teística y trascendentalista de la Edad Media y la concepción naturalística e inmanentista hacia la que marchaba el humanismo, caracteriza la cultura de la baja Edad Media, en la que a veces predomina una y a veces otra. Las distintas regiones señalan distintas fórmulas de integración de esos elementos y así es posible advertir la coexistencia de un patetismo angustiado, puesto de manifiesto en las danzas macabras, en las esculturas de Claus Sluter o en los místicos flamencos, y un optimismo radical como el que revelan Boccaccio, Juan Ruiz, Chaucer, el Arcipreste de Talavera o Sachetti.

La presencia del trasmundo —signo revelador de la perduración de la típica medievalidad— se enerva en unos mientras se robustece en otros, o a veces se reviste de cierta gracia ingenua que parece compartir una y otra tendencia, como se adivinaba ya en Francisco de Asís y en Giotto.

El humanismo triunfó en el siglo XV en Italia y afirmó sus ideales polémicamente —como una moda— allí donde llegó su influencia. Pero obsérvese con qué resistencia se encontró por entonces en Borgoña o en Flandes o en Alemania, y se advertirá la magnitud del duelo librado durante la baja Edad Media en la Europa occidental.

4) Reinos y ciudades. Las clases sociales

Las formas de la convivencia experimentaron también durante la baja Edad Media una transformación profunda. No sólo obraban numerosos y activos fermentos sobre las relaciones recíprocas de las distintas unidades políticas y los diferentes grupos sociales, para conmoverlas y alterarlas, sino que se produjeron también gravísimas situaciones de hecho destinadas a tener inmediatas repercusiones.

Cada vez más, las unidades políticas de la época fueron los grandes reinos, las ciudades autónomas y el imperio concebido como un reino más. Los antiguos señoríos perdían progresivamente su significación, sus posibilidades de independencia, y los que la tenían más bien aspiraban a transformarse en reinos —como ocurrió con el ducado de Borgoña—, que no a defender sus prerrogativas señoriales, pues las circunstancias disminuían el relieve de los pequeños ámbitos locales en contraste con el que adquirían las grandes y vigorosas unidades políticas.

Sin embargo, no quiere esto decir que los señoríos hubieran perdido totalmente su prestigio y su fuerza. Los conservaban en parte, debido sobre todo a la privilegiada situación de los señores, a su ascendiente frente a los reyes, a las dignidades y funciones que se les conferían; pero ese prestigio y esa fuerza demostraban prontamente su ineficacia si se pretendía utilizarlos para oponer el orden señorial al orden monárquico y aun se intentaba restaurar sobre las ciudades la antigua hegemonía. Entonces, los recursos señoriales parecían insuficientes y cada experiencia conducía a una nueva afirmación de la superioridad de las otras formas de convivencia política.

Mas, ciertamente, tampoco los reinos y las ciudades autónomas gozaban de una superioridad indiscutible. Entre ellos las relaciones eran difíciles e inestables, pues el sistema de equilibrio estaba sometido a revisión y se modificaban sus términos con frecuencia bajo la presión de situaciones de hecho. Poco a poco junto con la noción de la soberanía política, defendida enérgicamente por un Felipe el Hermoso de Francia, por ejemplo, se insinuaba la noción de ámbito nacional concebido como ámbito económico, y en su delimitación tanto teórica como práctica suscitábanse dificultades y rozamientos, pues la tradición señorial había dejado como saldo la existencia de zonas sometidas a influencias entremezcladas e indecisas como Flandes, Navarra, el Rosellón y algunas regiones italianas, susceptibles de ser reclamadas con cierta legitimidad por más de uno de sus vecinos. Cosa semejante ocurría entre las ciudades autónomas, fuera con respecto a ciertas comarcas intermedias entre dos de ellas, como ocurrió en la Toscana, o fuera con respecto a ciertas rutas comerciales y mercados, como sucedió entre Génova y Venecia.

Hubo así, durante la baja Edad Media, una lucha sostenida y casi constante por el ajuste de las jurisdicciones nacionales. Castilla, Aragón y Portugal, Francia e Inglaterra, Florencia y Pisa, Aragón y Dos Sicilias, Servia y Bizancio, fueron en ocasiones protagonistas de estas luchas en las que se ve a las nacientes unidades monárquicas tratando de ajustar el área de su autoridad política y económica de acuerdo a sus fuerzas y a las de sus competidores. Este proceso no tuvo por entonces solución, y la Edad Moderna siguió pugnando por establecer un sistema de equilibrio, que no se alcanzó, sin embargo, sino sobre la base de la hegemonía declarada de una de las partes.

A la progresiva organización de hecho de los reinos nacionales correspondió la lenta formación de una conciencia nacional. Un sentimiento apenas entrevisto algún tiempo antes comienza a despertar poco a poco manifestado como una adhesión al destino histórico de cierta circunscripción territorial. Este sentimiento estaba alimentado por la monarquía, que lo estimulaba en cuanto representaba una adhesión a la corona, y en efecto, provenía de la creciente asimilación entre nación y monarquía que se operó desde el siglo XIII. Lo compartían de manera vehemente los grupos burgueses, para quienes el vínculo abstracto entre individuo y estado parecía incomparablemente preferible al vínculo personal entre villano y señor. Pero lo compartían también porque sus intereses de clase coincidían con los intereses de la corona, empeñados unos y otra en desarrollar un tipo de economía que sólo podía ser llevado adelante por la burguesía, pero que parecía requerir la protección y el apoyo del estado para extenderse, precisamente, hasta donde el estado era capaz de hacer llegar su influencia, dentro de las fronteras nacionales y en las áreas de expansión que pudieran controlar.

Menos firme fue el sentimiento nacional en las clases extremas de la escala social. Las capas inferiores del proletariado urbano y del proletariado campesino carecían de perspectivas, y esperaban muy poco de los cambios que la burguesía quería provocar en su provecho. Más aún, muy pronto descubrieron que ésta se diferenciaba poco como clase hegemónica de la que le había precedido en el control de la vida económica, y su primera reacción fue de resistencia frente a las nuevas oligarquías burguesas. En cuanto a las clases aristocráticas, la reacción fue variada. No faltó entre ellas quien alcanzara, por la vía de la observación y el raciocinio, la certidumbre de que sólo por el robustecimiento de la monarquía y del sentimiento nacional podía el reino sobreponerse a las inquietudes que lo convulsionaban, aun a costa de la sumisión de sus pares. Fueron, generalmente, hombres de pensamiento, como el castellano Fernán Pérez de Guzmán. Tampoco faltaron quienes descubrieran las nuevas tendencias predominantes y decidieran sumirse en ellas para alcanzar altas posiciones en el Estado, cerca de los reyes, a costa de abandonar a sus compañeros de clase. Porque, en efecto, la mayoría de la nobleza mantuvo largo tiempo sus sentimientos señoriales, que la movían a posponer los intereses de los estamentos privilegiados a los de la comunidad nacional, en la que querían los grupos adversos constreñirlos, reduciendo la magnitud de su influencia.

La política de Álvaro de Luna en el reino de Castilla o las iniciativas económicas de Jacques Coeur en Francia muestran bien a las claras cuáles eran las orientaciones que presidían la nueva política de la monarquía. Pero nada revela tan bien el proceso de desarrollo del sentimiento nacional como las crónicas reales y las que ordenaron componer las ciudades autónomas, especialmente las italianas, en las que adquirieron señalada importancia. Las crónicas reales, como ya se advertía desde el siglo XIII, estaban presididas por el afán de enaltecer la significación de la corona; en primer lugar, con respecto a la nobleza, que hacía por entonces esfuerzos desesperados por contener el creciente ascenso de los reyes, como se ve a través de las luchas civiles de Castilla, de las demandas de los nobles aragoneses para la obtención de los Privilegios, de las rivalidades suscitadas en Inglaterra y Francia a través de la época de la guerra de los Cien Años; y en segundo lugar, con respecto a la comunidad nacional en su conjunto, de la que la monarquía quería ser la expresión cabal y la indiscutida potestad. Todavía intentaban los grandes señores o sus círculos áulicos defender la concepción señorial a través de crónicas individuales, como las de Chastellain sobre los duques de Borgoña o de Díez de Gámez sobre el conde de Buelna don Pero Niño; pero aun algunas de ellas, como la de Gonzalo Chacón sobre don Álvaro de Luna, podía adoptar un punto de vista nacional si el personaje había encarnado esa política. Empero, la dirección fundamental corría a través de la línea de las grandes crónicas oficiales, en las que poco a poco los ideales nacionales sobrepasaban no sólo el plano de los intereses estamentarios sino también hasta la figura misma de los reyes. Así ocurre en las crónicas castellanas —como las de Pedro López de Ayala y de Hernando del Pulgar en Castilla—, las aragonesas, napolitanas, inglesas y francesas. Y ocurre igualmente con las obras de intención histórica, política y moral a un tiempo, entre las cuales merecen destacarse las *Memorias* de Felipe Commines, y sobre todo las numerosas crónicas que aparecieron en las ciudades italianas.

En efecto, la profunda conmoción que se opera en Italia desde el siglo XIV, con la aparición de las señorías y las mutaciones de todo género en el plano politicosocial, indujo a los diversos estados a puntualizar su programa nacional a través de obras históricas, muchas de las cuales respondieron a encargos expresos. Como la *Historia florentina* de Leonardo Bruni, otros humanistas emprendieron la tarea de reconstruir con tono polémico la historia de diversas ciudades, y así surgieron las obras de Poggio Bracciolini, Crivelli, Bembo y Navaggero. Así como en las crónicas reales se advierte el afán de sobreponerse a los intereses particulares para establecer y programar los ideales de la comunidad, del mismo modo las crónicas de las ciudades italianas responden al afán de puntualizar y caracterizar la empresa que podía agrupar a la colectividad, ahora generalmente bajo gobiernos más fuertes —el de los señores— que los que habían permitido las largas luchas que antes sirvieron de tema a Compagni o los hermanos Villani en Florencia.

Y, sin embargo, algo había de polémico en esta afirmación de los grandes ideales de la colectividad, pues la baja Edad Media fue teatro de dramáticas luchas internas en el seno de las nacionalidades. El proceso que se advierte en las ciudades italianas ya en el siglo XIII, empieza a manifestarse en Flandes, Inglaterra, Francia y acaso en Castilla y Aragón en el XIV. De esta época son, en efecto, las sublevaciones de tejedores de Gante y Brujas, victoriosos en Courtrai contra Felipe el Hermoso de Francia (1301) y apenas abatidos a fines del siglo por Felipe el Atrevido, duque de Borgoña. De esta época son los profundos y graves movimientos de la burguesía y del campesinado francés, desencadenados por los burgueses que encabezaba Esteban Marcel en el Parlamento de París, en 1356, y complicado al año siguiente con la *jacquerie* que ensangrentó los campos franceses, para apagarse luego con la violenta represión y volver a resurgir más tarde bajo nuevas condiciones. Y de esta época es la insurrección de los campesinos ingleses en 1381, encabezados por Wat Tyler y acaso movidos por nuevas preocupaciones sociales y religiosas, como las que por entonces despertaba Juan Wycliffe.

Esta oleada de movimientos sociales y políticos conmovía, naturalmente, los ideales nacionales que la monarquía tendía a sistematizar para agrupar a su alrededor a la comunidad, pero no era en el fondo sino el signo de esa misma inquietud, y acaso el multitudinario e inconsciente reclamo del precio que parecía debido a las clases no privilegiadas por el apoyo prestado a la corona. Contribuían a desencadenarlos, sin duda, las duras condiciones económicas y sociales con que se abre la baja Edad Media, las hambres repetidas, las epidemias espantosas, los despojos y los atropellos que se derivaron del ordenamiento de un nuevo régimen económico, y la necesidad urgente de la burguesía de asegurarse el apoyo del estado para librar su gran batalla. Pero no eran ajenas a sus motivaciones, en escasa pero en alguna medida, ciertas ideas igualitarias, ciertos preceptos de derecho natural que por entonces sostenían teólogos y juristas como Gerson, Nicolás de Cusa y Eneas Silvio Piccolomini, ciertos anhelos religiosos que proclamaban los espíritus inquietos y evangélicos, como Wycliffe y Huss. Si estas motivaciones apenas eran percibidas por un espíritu tan cortesano como el de Froissart, el agudo cronista francés de la guerra de los Cien Años, no dejó de percibirlas el poeta inglés Juan Gower, que reveló el drama campesino en un poema singularísimo.

Eran las clases no privilegiadas que acudían al llamado de la monarquía, para colaborar con ella no sólo en el objetivo inmediato de abatir a las clases señoriales, sino también en otro de más alto vuelo, que era el de construir una nación de más amplia base económica, social y política que la tradicional. Pero ese llamado tenía su precio, y la monarquía se mostró remisa en cumplir con sus compromisos. Las clases no privilegiadas aspiraban ahora a tener en la vida nacional un papel activo, pero aspiraban también a que ese papel proporcionase a cada uno otras condiciones de vida, las que parecían reconocerle los tratadistas del derecho natural, los legistas, los predicadores, los cortesanos regalistas. Frente a la decepción, doblemente grave en virtud de las circunstancias económicas y sociales creadas por la crisis, esas clases no privilegiadas intentaron la revolución, una revolución que constituye, por sus caracteres, el antecedente directo de las revoluciones burguesas de la Edad Moderna, y que naturalmente debían frustrarse por la inmadurez de las ideas y las aspiraciones. Pero ese fracaso no revelaba nada más que eso: la inmadurez; de ningún modo la inoperancia histórica de las fuerzas que desencadenaron el movimiento. Sin ellas, la idea nacional no tenía sentido, porque la vasta empresa que significaba la organización de una economía mercantilista no podía emprenderse sino con su apoyo y con su esfuerzo. Estaban, pues, indisolublemente atadas al destino de la idea tradicional, como la Edad Moderna comprobaría.

Esa idea tuvo, como todas, sus mártires, y ninguno tan señalado como Juana de Arco, la doncella de Orleáns, a cuyo nombre se vincula la etapa más significativa de la guerra de Cien Años. Divididos los franceses en dos grupos antagónicos, los borgoñones y los armagnacs, los primeros tomaron partido por los ingleses contra el descendiente legítimo del rey Carlos VI en virtud de los intereses ducales de Borgoña, tras de los cuales se ocultaban importantes intereses económicos. Juana de Arco, o acaso más que ella su nombre y su recuerdo, promovieron la disolución de esa alianza y la recomposición del bloque francés contra Inglaterra mediante el tratado de Arrás en 1435. Un elemento religioso se entrecruzó en esa empresa, pero acaso no otro que el que estaba implícito en la misma concepción monárquica. Y prosperó sobre todo cierta idea renovadora que no tenía nada de retórica, por cierto, pues en la concepción de la idea nacional francesa se involucraba una concepción del ámbito de soberanía política y el ámbito de influencia económica que la corona pugnaba por delimitar. Juana de Arco fue muy pronto un símbolo de una idea que estaba ya madura en muchos espíritus. Sus designios militares y políticos los cumplieron otros, y Cristina de Pisán supo echar las bases de su leyenda. En ella triunfaba una concepción de la convivencia nacional, que señalaba el fin del orden medieval.

5) La idea del hombre. Las formas de realización del individuo

En el ambiente de crisis que caracteriza a la baja Edad Media, la concepción del hombre acentuó su bipolaridad al romperse el equilibrio establecido sobre la preeminencia de lo espiritual, de lo referido al trasmundo, de lo que pertenecía a la ciudad celeste. Ese equilibrio no se constituyó sobre nuevas bases, sino que, simplemente, los elementos encontrados permanecieron en presencia, oponiéndose o complementándose en síntesis transitorias e inestables. La contemporaneidad de Boccaccio y Santa Catalina de Siena tiene el valor de un símbolo. Lo de la tierra y lo del cielo coexistía en perpetuo contacto, en lucha franca o encubierta, sucumbiendo o triunfando según las arbitrarias predisposiciones o las no menos arbitrarias circunstancias. Las terribles epidemias, y sobre todo la llamada "peste negra" que asoló la Europa occidental desde 1348 y que nos describen Boccaccio y Juan Villani, despertó la preocupación de la muerte, evocada siempre activamente por el cristianismo, pero ahora con un aire escéptico y desesperanzado que difería en algo de la dulce esperanza que encerraba para Catalina de Siena o que hacía decir al autor de *La imitación de Cristo:* "La suprema sabiduría consiste en aspirar al reino de los cielos por medio del desprecio del mundo." Quienes componían los versos de la *Danza macabra* —en las numerosas versiones que aparecieron por entonces— estaban lejos de despreciar el mundo, y si despreciaban la vida era tan sólo por la desilusión que sentían por su brevedad y su incertidumbre; pero no parecían preferir la muerte, con la que apenas se resignaban. Y ese sentimiento era mucho más popular y estaba mucho más difundido que la actitud religiosa y moral —señorial en el fondo— que caracterizaba a Jorge Manrique.

Sin duda el misticismo —el de Ruysbroeck, el de Groote, el de Eckhart— respondía a cierta inquietud de algunos grupos, que esperaban, efectivamente, la salvación. Pero, desde otro punto de vista, también esa línea mística testimoniaba la acentuación de la actitud individualista que, en su otra cara, afirmaba la excelsitud de la vida. Era, en última instancia, otra dimensión de la dignidad del hombre, tema preferente de los humanistas, concebible, sí, dentro de los arquetipos ideales, pero más perceptible bajo las formas concretas del hombre de carne y hueso.

Bajo esas formas querían presentar al hombre los pintores y escultores del Cuatrocientos, que cultivaron el retrato de precisos perfiles y de rasgos fuertemente individualizadores. Para Juan Fouquet o Melozzo da Forlí, para los Van Eyck o para Verrochio, el modelo que se ofrecía ante sus ojos era una realidad última, que empezaba y terminaba en sí misma, con todo su insondable bagaje de irreductible originalidad, y así era menester trasponer su imagen al lienzo o al mármol. Esta misma preocupación guiaba, a su modo, a los biógrafos que anhelaban fijar la imagen espiritual del hombre, como Boccaccio hiciera con Dante Alighieri, como tratarán de hacer luego Vespasiano da Bisticci o Hernando del Pulgar. A veces era la propia imagen, como en el caso de León Bautista Alberti en su *Autobiografía*, y en cierto modo, de Commines en sus *Memorias*. Porque el sentimiento más generalizado era que el hombre constituía el eje alrededor del cual giraba la vida, más allá de la cual parecía ahora empezar una zona de sombras que no tenía ya la dramática precisión del Infierno dantesco. Léase a Boccaccio, repásense las danzas macabras, y se verá cuánta retórica hay que fracasa en el intento de dar una imagen viva del trasmundo. Porque en la profunda crisis de la baja Edad Media, el elemento decisivo es el ascenso del valor de lo terrenal, de lo que es propio de la vida.

Este giro tomaron los ideales señoriales. Cada vez más la aristocracia —tanto la vieja como la nueva que se constituía al calor de las peripecias políticas de la época— gustaba de congregarse para proporcionarse una existencia regalada, lujosa y cortesana. Más aún que antes, la música y la poesía, los torneos y festines parecían la preocupación fundamental de los poderosos.

Y en el desvelo por vestir la prenda más lujosa y original, o lucir el más exótico de los adornos o presentar la fiesta más suntuosa, encontramos el tono dominante de este ideal de vida en el que se trasuntó la antigua caballeresca.

Interesaba al caballero —de antiguo o de reciente origen— la guerra y la aventura, y más la aventura que la guerra. Allá iban los caballeros aragoneses y portugueses en busca de tierras exóticas, al Oriente unos, al África los otros. Y sin alejarse de sus tierras, podían hallar ocasión en los torneos de cumplir tan grandes hazañas como los aventureros, como lo logró don Suero de Quiñones en el *Paso honroso*, combatiendo contra innumerables rivales.

Pero la guerra tenía aún sentido para el caballero, sobre todo en algunas regiones. Sometida al riguroso código del honor, tenía algo de torneo y le permitía ejercitar sus más altas virtudes dentro de cierto estricto formalismo que satisfacía su esclerosada retórica. Y a veces gustaba el caballero de alternarla con el ejercicio poético, para manifestar de ese modo su dúplice excelencia.

La guerra y la poesía están inseparablemente unidas en Carlos de Orleáns y en el marqués de Santillana, acaso los dos más representativos ejemplos de esta concepción señorial de la vida en las postrimerías de la Edad Media. Una lírica profunda, en la que el tema del amor proporcionaba el camino para la expresión de la más pura intimidad, constituía en ellos una de las formas de manifestación de lo vital, en tanto que la guerra y la política constituían la otra. Y no había contradicción profunda, pues una y otra respondían a cierta convención sobre la existencia del caballero en la que debían brillar la arrogancia del cuerpo y la finura del espíritu.

Estos ideales señoriales, pese al enérgico contraste que les ofrecían las formas de la pujante vida burguesa, encontraban cálida repercusión popular. De esa misma época son los innumerables romances y baladas que se difunden por España, Francia e Inglaterra, retomando los viejos temas caballerescos y transformándolos según el nuevo espíritu cortesano. Acaso, sin embargo, la simpatía con que el pueblo escuchaba las hazañas del Cid y de Bernardo del Carpio, de Douglas y de Percy, de Lancelot y de Rolando, no probaría la vigencia social de esos ideales, sino más bien la lejanía que se adivinaba en ellos. Pero es innegable que entusiasmaban la grandeza y la distinción de las minorías aristocráticas, a quienes, por lo demás, la más poderosa burguesía quiso imitar.

Pues, en efecto, los ricos burgueses de las ciudades italianas, flamencas y alemanas amaron el lujo y quisieron, a su modo, vivir una existencia noble y digna. Sus usos, sus vestidos, sus fiestas, sus moradas imitaron en alguna medida las de los señores, y en veces —ahí está el curioso ejemplo de Jacques Coeur y de su palacio de Bourges— casi los superaron. Pero esto no era, naturalmente, sino excepcional, y por otra parte no correspondía sino a una de las fases de la vida de los grupos burgueses. En general, lo que predominaba en ellos era la aversión al ocio, rasgo característico de las clases señoriales, y el enaltecimiento del trabajo como fuente de la riqueza. La sólida fortuna, permanentemente vigilada y acrecida, sí era testimonio de cordura, en tanto que no pasaba de la categoría de extravagancia peligrosa el intento de asemejarse a los señores.

El trabajo constituía para los grupos burgueses la forma normal de la existencia, y el lugar natural de cada uno era la corporación o gremio a que estaba adscrito. Porque la burguesía nació en las ciudades, y mantuvo siempre el sentido de la convivencia estrecha y sometida al mutuo control. Nada tan severo como la vigilancia que sobre la vida pública y privada de sus miembros ejercía la corporación, o como la que los cuerpos comunales ejercitaban sobre toda la comunidad. A la concepción de la aventura, la burguesía opuso la concepción del orden; a la desmesura caballeresca, la cordura y la prudencia; al azar, la previsión.

La ciudad fue, por eso, el hogar propio de la burguesía, su escenario específico. Allí debían brillar sus calidades supremas, y los edificios de las corporaciones, las casas comunales y las catedrales debían ser no sólo el orgullo de la ciudad sino también la expresión de su riqueza, su capacidad constructiva, su capacidad de previsión, su tenacidad y su firme enraizamiento en las cosas del mundo.

Acaso el teatro sea, en cierto sentido, la más típica expresión literaria del sentimiento burgués en la baja Edad Media, con sus farsas, como la muy significativa de *Maese Pathelin,* en la que brillan el desparpajo y la truhanería como contrafigura del trabajo metódico y honrado. Pero no es expresión menos fiel del triunfo de los ideales burgueses el ascenso del artesanado que alcanza los umbrales del arte. Si el imaginero que cubría de estatuas el pórtico de las catedrales no lograba, generalmente, perpetuar su nombre, no ocurrirá lo mismo cuando el artesano pintor o escultor de la baja Edad Media llegue a brillar en su arte. El trabajo merecía ahora mayor estimación y la creación lograda por el perfeccionamiento del trabajo manual alcanzaba el mismo mérito, la misma consideración social que la obra del trovador cortesano o el sabio humanista. Artesano y artista son dos términos que empiezan a tener un límite confuso, que no se determinará según la condición social sino de acuerdo con la maestría alcanzada.

Esta estimación por el artista plástico corresponde, naturalmente, a la creciente estimación que se tenía por el poeta, pues proviene de un marcado ascenso de los valores estéticos. Visible incuestionablemente en la Italia del cuatrocientos, no es menos visible en Francia, en Flandes, en Aragón o en Castilla. Piero de la Francesa, Domenico Ghirlandajo, Masaccio, los Van Eyck, Van der Weiden, Memling, Lluis Dalmau, Jaume Huguet, Gil de Siloe, Jean Fouquet, Clauss Sluter, son nombres que revelan no sólo la excelsitud de la creación plástica en las postrimerías de la baja Edad Media y los albores del Renacimiento, sino también la significación que los valores estéticos han alcanzado por entonces, en el plano de la plástica, equiparable a la que desde antes tenía la poesía.

Este entusiasmo por la belleza correspondía al triunfante sentimiento de la naturaleza, y suponía la certidumbre de que el hombre podía realizar su destino terreno expresándola en una creación original, vertiéndola a través del microcosmo de una conciencia. Era una forma de trascender, que no estaba referida a la concepción religiosa del trasmundo sino a la concepción rigurosamente mundana de la gloria. Alcanzarla comenzaba a ser el ideal supremo del artista, seguro de que la suya podía ser más grande e imperecedera que la del político o el sabio.

Más acá de las esperanzas de ultratumba, una vida rica en perspectivas se ofrecía al hombre de la baja Edad Media que no siempre despreció aquéllas del todo, pero que no podía despreciar un panorama inmediato que apelaba a su inmediata vocación interior.

BIBLIOGRAFÍA

Para la bibliografía sobre la historia y la cultura de la Edad Media puede consultarse la *Guide to the Study of Medieval History*, publicada por The Medieval Academy of America, edición revisada en 1931.

Obras de conjunto

a) *The Cambridge medieval history*, publicada bajo la dirección de J. B. Bury, así como el primer volumen de *The Cambridge modern history*.
b) Assmann, W., *Geschichte des Mittelalters.*
c) *Histoire du Moyen Âge*, en la *Histoire Générale*, publicada bajo la dirección de Gustave Glotz.
d) Los volúmenes correspondientes a la Edad Media publicados en las historias generales de Onken, Lavisse y Rambaud, Berr y Halphen y Sagnac.
e) Pirenne, *Historia de Europa, desde las invasiones hasta el siglo xvi*, 2ª ed. (Fondo de Cultura Económica, México, 1956.)

Obras de consulta para la historia política

a) Lot, *Les invasions germaniques*, y *Les invasions barbares.*
b) Bury, *History of the later Roman Empire.*
c) Dopsch, *The economic and social foundations of European civilization.*
d) Grousset, *Histoire des Croisades.*
e) Bryce, *The holy Roman Empire.*
f) Calmette, *Carlomagne*, *Le monde Féodal*, *Les dernières étapes du moyen âge français.*
g) Gregorovius, *Storia della cità di Roma nel Medioevo.* (Ver *Roma y Atenas en la Edad Media y otros ensayos*, Fondo de Cultura Económica, México, 1946.)
h) Pepe, *Lo stato ghibellino di Federico II.*
i) Villari, *I primi due secoli della storia di Firenze.*
j) Altamira, *Historia de España y de la civilización española.*
k) Hunty Poole, *The political history of England.*

Obras de consulta para la cultura medieval

a) El tomo VIII de la *Histoire du Moyen Âge*, en la *Histoire Générale* publicada bajo la dirección de Gustave Glotz.

b) Grupp, *Kulturgeschichte des Mittelalters.*

c) Taylor, *The medieval mind* y *The classical heritage of the Middle Ages.*

d) Cochrane, *Cristianismo y cultura clásica* (Fondo de Cultura Económica, México, 1949).

e) Vedel, *Cultura e ideales de la Edad Media.*

f) Bühler, *Vida y cultura en la Edad Media* (Fondo de Cultura Económica, México, 1946).

g) Huizinga, *El otoño de la Edad Media.*

h) Ebert, *Allgemeine Geschichte der Literatur des Mittelalters im Abendlande* (hay trad. francesa).

i) Bréhier, *La philosophie du Moyen Âge.*

j) Carlyle, *A history of medieval political theory in the west.*

k) Mâle, *L'art religieux du xii siècle en France.* (Ver *El arte religioso*, Fondo de Cultura Económica, México, 1952.)

ÍNDICE

Primera parte
HISTORIA DE LA EDAD MEDIA

I. La temprana Edad Media 9

1) Del bajo Imperio a la alta Edad Media, 9. *2)* Los reinos romanogermánicos, 18. *3)* El imperio bizantino, 24. *4)* El mundo musulmán, 31. *5)* La época de Carlomagno, 37

II. La alta Edad Media 45

1) La formación de la Europa feudal, 45. *2)* Bizantinos y árabes hasta el siglo XIII, 53. *3)* El imperio y las ciudades libres, 58. *4)* Los reinos feudales, 64. *5)* La Iglesia y las cruzadas, 69

III. La baja Edad Media 75

1) La crisis del orden medieval, 75. *2)* Francia e Inglaterra durante la guerra de Cien Años, 79. *3)* La Europa al margen de la guerra de Cien Años, 87. *4)* El Imperio bizantino y los turcos, 92. *5)* Europa a fines del siglo XV, 95

Segunda parte
PANORAMA DE LA CULTURA MEDIEVAL

I. La temprana Edad Media 105

1) Los caracteres de la realidad, 105. *2)* Los caracteres generales de la cultura durante la temprana Edad Media, 111. *3)* La imagen del universo. Mundo y trasmundo, 115. *4)* La conciencia de un orden universal, 121. *5)* Los ideales y las formas de convivencia, 128. *6)* La idea del hombre y las formas de realización del individuo, 133

II. La alta Edad Media 141

1) Los elementos de realidad, 141. *2)* Los caracteres de la cultura durante la alta Edad Media, 145. *3)* La imagen del universo. El saber, 152. *4)* El orden universal. Imperio y papado, 158. *5)* Los ideales y las formas de convivencia. El orden monárquico, 164. *6)* La idea del hombre. Las formas de realización del individuo, 170

III. La baja Edad Media 180

1) Los elementos de realidad, 180. *2)* Los caracteres generales de la cultura durante la baja Edad Media, 185. *3)* La imagen del mundo y el saber, 191. *4)* Reinos y ciudades. Las clases sociales, 195. *5)* La idea del hombre. Las formas de realización del individuo, 203

Bibliografía 211

Este libro se terminó de imprimir y encuadernar en el mes de febrero de 1998 en Impresora y Encuadernadora Progreso, S. A. de C. V. (IEPSA), Calz. de San Lorenzo, 244; 09830 México, D. F. Se tiraron 3 000 ejemplares.